学校図書館員と英語科教諭のための

英語多読実践ガイド

導入のための
ブックガイド付

江竜 珠緒
村松 教子
著

学校図書館員と英語科教諭のための
英語多読実践ガイド　もくじ

はじめに ……………………………………………………………………… 4

　本書の流れ……………………………………………………………… 5

　明治大学付属明治高等学校明治中学校と本校図書館……………… 6

　コラム　海外書店で購入　①図書館や書店に行く！ ……………… 8

第1部　学校図書館と英語多読 ……………………………………… 9

　中学校、高等学校での英語多読の必要性………………………… 10

　学校図書館英語多読のすすめ……………………………………… 12

　学校図書館員が知っておくべきこと……………………………… 14

　学校図書館英語多読の利点………………………………………… 16

　英語多読実施の壁を乗り越える…………………………………… 20

　コラム　海外書店で購入　②書店購入のここが便利！ ………… 22

第2部　学校図書館での英語多読業務 …………………………… 23

　選書………………………………………………………………… 24

　分類………………………………………………………………… 27

　排架場所と方法…………………………………………………… 28

　レベル分け………………………………………………………… 30

　語数カウント……………………………………………………… 31

　書誌データの作成と入力………………………………………… 32

　装備………………………………………………………………… 36

　貸出・返却………………………………………………………… 38

　返本………………………………………………………………… 39

　読書支援…………………………………………………………… 40

　予算の確保………………………………………………………… 42

　コラム　海外書店で購入　③英米以外の英語多読本を買う！ … 44

2

第3部　英語多読の指導 …………………………………………… 45

指導原則………………………………………………………………… 46

英語多読の指導………………………………………………………… 48

　「ふさわしい本」を読んでいるかどうかを見分ける ……………… 49

学習原則………………………………………………………………… 50

指導のタイミング……………………………………………………… 53

英語の授業に多読の導入……………………………………………… 54

　お勧めの本①～中学1年生～…58　お勧めの本②～中学2年生～…60　お勧め
　の本③～中学3年生～…62　お勧めの本④～高校1年生～…64　お勧めの本⑤
　～高校2年生～…66　お勧めの本⑥～高校3年生～…68

授業でできる実践例…………………………………………………… 70

　1．生徒の読書時間を確保するための活動………………………… 72
　　読書記録ノート（ブックレポートやブックログ）をつける　リーディング・
　　マラソン　学校図書館内英語多読　教室内10分間英語多読　インタラク
　　ティブ読み聞かせ　グループ・リーディング

　2．本を紹介する活動………………………………………………… 81
　　イントロ紹介　タイトル・マッチング　本の通信簿　お気に入りの一冊　本
　　のインタビュー　チラシの作製　4コマまんがで本を紹介

第4部　推薦図書リスト ……………………………………………… 93

Graded Readers、児童書、ヤングアダルト（YA）本のお勧め作家 ………… 94

　1．Graded Readers の主な著者 …………………………………… 94

　2．児童書の主な著者………………………………………………… 97

　3．ヤングアダルト（YA）本の主な著者 ………………………… 101

ロードマップ 100 冊 ………………………………………………… 104

おわりに ……………………………………………………………… 121

選書に活用できるサイト一覧………122　補足………123　参考文献………126

著者紹介………127

※本書掲載の書籍情報は 2018 年 6 月末現在のものです。

はじめに

　明治大学付属明治高等学校明治中学校図書館で、英語科教諭と協力して英語多読を開始してから、約 10 年になります。

　ここに至るまでの道のりを振り返ると、山あり谷ありというよりも、楽しみながら山を登ってきたという印象があります。仕事の量としては大変だったかもしれないけれど、いつもわくわくして、次々に発見があって、得るところがたくさんありました。谷に落っこちてくじけてしまうことなく、いつも新しい景色を楽しみながら、上を向いて進んでくることができました。そしてそれは、司書教諭と英語科教諭が協力して、学校図書館という場で英語多読をしてきたからだと、自信を持って言えます。

　英語多読の最終的な目標は、生徒が自分の好きな本を読めるようになる力を身につけることと、読書の習慣を身につけることです。これまで学校図書館員が考えていたことと合致したものであり、なんら違和感がないと思います。けれど、「英語多読は学習」でもあります。というのも、中学校 1 年生ではじめて本格的に英語を学ぶ生徒たちにとっては、読書をするためにも、学ばなければならないことがたくさんあるからです。「英語力」と「読書習慣」。英語多読には、この両方の力が必要になるのです。ただ漫然と、適当に手にした本をめくっているだけでは、英語力はもちろん、読書習慣も身につきません。ときにはつまらないこともあるでしょうし、ときにはやめたくなってしまうこともあるでしょう。しかし、授業でしっかりと英語を学び、なおかつ英語の本を継続して読み進めたとき、はじめて本当の英語力が身につき、自由に読書を楽しめるようになるのです。

　だからこそ、英語科教諭と学校図書館員が力を合わせて、学校図書館で英語多読を実施することが重要なのです。

　学校図書館は、ただ本が置いてあって、本好きな生徒が読書をするために集まる場所ではありません。そこで授業を行うこともありますし、教室でわからなかったこと、もっと知りたくなったことを調べに来る場所でもあります。さらには、ひとりでいてもおかしくない場所、きゅうくつな教室から解放されて、ほっとひと息つける居場所になることもあります。読書が苦手で月に 1 冊も本を読まないという生徒や、今までに 1 冊も感動できる本に出合えていないという生徒もいます。そんな彼ら、彼女らに、

読書でしか得られない知識や経験があるということ、想像の世界で遊ぶすばらしさを知ってほしい。そのような思いから、これまで多くの学校図書館員が、蔵書構築に力を入れ、展示や掲示を工夫してきました。英語多読においても、これまで和書で培ってきたそれらの能力、ノウハウをいかすことができます。英語科教諭と力を合わせれば、学校図書館員が高い英語力を持っている必要はありません。英語科教諭と学校図書館員が互いに不足している部分を補い、専門性を遺憾なく発揮して英語多読に取り組むことで、くじけず楽しみながら続けられると思います。

　この本では、学校図書館で英語多読を実施するための方法や、生徒ができるだけ楽しく英語多読を続けていけるような工夫を紹介しています。この本がこれから英語多読を始めようとしている英語科教諭、司書教諭、学校司書など、中学校・高等学校で生徒を支える立場の方々のお役に立てることを願っています。

（江竜珠緒）

本書の流れ

　第1部では、英語多読の必要性、学校図書館における英語多読の効果や、学校図書館員や英語科教諭が得られる利点についてご紹介します。

　第2部では、学校図書館に英語多読を導入する方法を、選書、分類、書誌データ作成などの順番で、具体的にご紹介します。主に学校図書館員向けです。

　第3部では、英語多読の指導方法について、中学1年生から高校3年生まで、文法項目的な観点から見た英語多読本や授業でできる実践例を紹介しています。主に英語科教諭向けです。

　第4部では、すぐれた作家や、最初に学校図書館にそろえるべき英語多読本100冊を紹介しています。導入時の蔵書構築の際などにご活用ください。

　第1部、第2部と第3部の前半を江竜（司書教諭）が担当し、第3部、第4部と英語多読本リストを村松（英語科教諭）が担当しました。最後の100冊は2人で選んでいます。学校図書館員向けに書かれた部分と英語科教諭向けに書かれた部分とがあります。ともに力を合わせる相手がどのようなことを考えているのか、どのような仕事をしているのかを知ることは、よりよい連携につながります。関係のない部分に目を通すことを無駄だとは思わず、全体に目を通してみてください。

明治大学付属明治高等学校明治中学校と本校図書館

　はじめに、明治大学付属明治高等学校明治中学校と、英語多読実践の場である学校図書館について紹介します。

　明治大学付属明治高等学校明治中学校は、1911年に明治大学学長である岸本辰雄により創設された、明治大学の直系付属校です。2008年4月に調布に移転し、それまでの男子校から共学化しました。「質実剛健　独立自治」を校訓として、学業と部活動の両立を目指す生徒たちがいきいきと生活しています。

　生徒数は約1,300人、約93％の生徒が明治大学に進学しますが、全教科を対象とした推薦基準点があり、さらに実用英語技能検定（以下、英検）2級とTOEIC® Listening & Reading Test（以下、TOEIC）450点以上を取得していなければなりません。このような状況の中で、学校図書館に英語多読本が所蔵されるようになりました。

学校図書館

　学校図書館には、和書約60,000冊、英語多読本約6,000冊、計約66,000冊が所蔵され、生徒用ノートパソコン40台、教諭用ノートパソコン10台が備えられています。中高一貫なので、中学生も高校生も一緒に利用しています。

　本校の蔵書の特徴としては、明治大学進学を見据えているため、社会学系の本が多いことがあげられます。特に法律、経済、経営、商業の棚は、学校図書館員が見ると一般的な中学校、高等学校の図書館との蔵書の違いが明確にわかります。また、大学推薦図書の棚では、明治大学の教員からの推薦図書や、明治大学の1、2年生が使う教科書やシラバス本を、学部別に並べています。それによって、生徒は自分がどの学部に進学して何を学ぶのかということを理解できるようになっています。

　男子が多いせいでしょうか。読みものの本もかなりあるほうですが、生徒たちはレポート課題の有無にかかわらず、読みものよりも一般図書を多く借りていきます。このことは、英語多読本を選書するときに気をつけた点でした。

英語多読の実施

　本校では、2009 年から学校図書館での英語多読を開始しました。それ以前は、一部の英語科教諭が、長期休みにややレベルの高い本を 1 冊、課題として出す程度でした（これは英語多読とはいえません）。英語多読本を購入し始めた数年間も、英語科教諭が教室に持っていって読ませるだけでした。一方、学校図書館も、Harry Potter や宮崎駿の漫画の英語版、Oxford Bookworms（123 ページ参照）や Penguin Readers（123 ページ参照）など、400 冊程度を所蔵していましたが、借りる生徒はごく少数という状況でした。

　では、2009 年に学校図書館での英語多読が開始されたのは、どうしてでしょうか？実は、これといった特別な理由をあげることは、非常に困難です。しかし、あえていうならば、死蔵している英語多読本の扱いに困っていた英語科と、なんらかの形でどこかの教科との連携を図りたいと考えていた司書教諭の思惑が一致したということがあると思います。どちらも、何かしたいともがいていて、誰かの支援を求めていました。そのため、どちらかがリードする、支えるというのではなく、双方がリードし合い、支え合う関係が最初からとれました。実は、これはとても重要なことだったと思います。また、英語科の中で教諭全員の合意が得られたことも幸いでした。現在では、中学 1 年生 3 学期から高校 3 年生までの全学年が、英語多読に取り組んでいます。

学校図書館内授業の実際

　学校図書館内では、年間約 420 コマの授業が実施されています。本校では中学校、高等学校ともに図書館を使わねばならない科目（図書、探究、卒業研究など）というものは存在していません。つまり、これらの授業はすべて、教科教諭や担任教諭がそれぞれの授業やホームルームの年間計画の中に、学校図書館利用を組み入れることで成立した連携授業です。毎年同じ授業もありますが、少しずつアレンジも加わっているので、ひとつひとつ、教科教諭と司書教諭が相談して授業を作り上げています。

　なお、英語多読の時間は 40 コマ程度。しかし、連携授業が増えた背景に英語多読の実施があることは、否定できません。というのも、先に述べたように英語科教諭は全員が英語多読に関わっています。司書教諭は 1 名しかいませんが、英語科教諭は17 名。この 17 名が学校図書館業務を理解し、読書の重要性を認識しているのです。このことが学校に与えた影響ははかりしれません。

海外書店で購入　①図書館や書店に行く！

　英語多読を長く続けていると「海外の子どもたちが実際に読んでいるもので、日本の中高生にふさわしい本もそろえたい」という気持ちがより強くなります。そこで、わたし（江竜）が、実際にどのように本を選び、購入しているのかをご紹介します。

学校図書館や公共図書館で、お勧め本を紹介してもらう
　海外旅行に出かけたら、自由時間を見つけては、現地の学校図書館、公共図書館に足を運びます。海外の公共図書館の多くは、児童書コーナーが大変充実しており、児童書専門の司書が常駐していることがほとんど。日本の中学、高校で英語多読をやっていて、上位層が『Holes』(103ページ参照)あたりを読んでいて……というような話をすると、「それならこれがいいかも」と、次々に本を紹介してくれますし、作成している子ども向け推薦図書リストなどをくれることもあります。図書館員同士、お互いの図書館業務の苦労話などもできますし、展示方法を見るだけでも楽しいので、海外旅行の折には図書館にもぜひ足を運んでみてください。英語ができる方は、カウンターで話しかけてみましょう。海外の図書館って日本より進んでいるとばかり思っていたけれど、現場の苦労は意外に同じなんだなあ……と感じることがしばしばあります。日本からわざわざ来てくれたのだからと、貴重書庫を見せてくれたことも。図書館員でよかった、と実感した出来事でした。

書店でお勧め本を紹介してもらい、割引購入する
　大きな書店は児童書コーナーが充実していますし、児童書専門店などが見つかったら、1日といわず2日以上通い詰めることもあります。書店員も、図書館員と同じく本好きで、誰かに本を紹介するのが大好き。いろいろな本を紹介してくれます。書店での購入ポイントは「学校図書館である」ときちんと伝えること。カナダの書店で70冊程度の抜き取りを行ったときには、15％程度の割引があったうえに、船便で送る手配もしてくれました。もし同様な買いつけをする場合には、成田の税関で別送便の申請も忘れずに。とはいえ、そう大した手間ではありません。　　　（22ページにつづく）

第1部　学校図書館と英語多読

　第1部では、英語多読とは何かという理論的なことから、学校図書館英語多読の重要性について述べたいと思います。

　10年にわたる継続的な取り組みの中から、学校図書館員、英語科教諭、生徒の3者それぞれが、大きな利点を感じることができました。

中学校、高等学校での英語多読の必要性

　そもそも、英語多読はなぜ必要なのでしょうか？
　文法はよくできるのに、実際に聞いたり話したりすることは苦手だという生徒が、多くいます。思いあたる節のある大人も多いのではないでしょうか。ひとつには、問題集などに繰り返し取り組む反面、実際に使われている英語を読んだり聴いたりする機会が少ないためだと考えられます。
　英語多読とは、やさしい英語の本をたくさん読んで英語力を身につける学習法のひとつです。日本以外でも、英語力を身につけるために本を多く読む試みは実践されてきました。英語多読を厳密に定義すると、非英語圏の学習者が英語圏において英語を学ぶために実施する多読 Extensive Reading in the Second Language（ESL）と、非英語圏の学習者が非英語圏において英語学習のために実施する多読 Extensive Reading in English as a Foreign Language（EFL）の２種類があります。日本における英語多読は、後者の EFL となります。ESL と EFL の大きな違いは、教室の外でどれだけ英語に触れることができるかという点にあるといえるでしょう。日本のような非英語圏での英語学習の問題点は、教室から一歩外に出た途端に、格段に英語に触れる機会が減ってしまうというところにあるのです。
　2017 年 3 月に公示された文部科学省の新しい学習指導要領では、英語科教育における指導語数が大幅に増やされ、中学校で学ぶ総語彙数が 900 語から 1,200 語に、高等学校では 1,300 語から 1,800 語になりました。英語多読の指導でも知られる語彙学者の Nation, Paul（2014）は、ひとつの単語を覚えるためには、意味のある文脈の中で少なくとも 12 回以上出合う必要があるとも述べています。Nation の説に従えば、仮に中学生が 900 〜 1,200 の語彙を学ぶためだけでも、最低でも 10,800 〜 14,400 語の文章を読む必要があるということになります。しかし、検定教科書を使った今までのような授業だけで、このような語数、語彙と触れ合う機会があるのでしょうか？　残念ながら、そうはいかないのが現実です。そこで、何度も単語に触れ、しかもそれを自然な会話や文章の中で目にするために、英語多読が重要になってくるのです。生徒たちが教室の外でも積極的に英語に触れる機会を増やすこと。生徒の学びを指導する英語科教諭、それを支援する学校図書館員には、そのことが強く求められ

ていると考えます。

　母語であれ、第二言語であれ、語彙や読解力を身につけるためには、たくさんの本を読む必要があるといわれれば、誰でも、それはそうかなと同意できるのではないでしょうか。そのような点で、英語多読は生徒たちにもすんなりと納得してもらえる学習法です。しかも、本には本だけが持つ利点があります。専用の機器やWi-Fiがないところでも読めること。図書館で借りれば、お金をまったくかけずに次々に新しい本が読めること。3分、5分といった隙間時間を利用して、いくらでも英語に触れる機会を増やすことができること……。

　また、英語多読には思いがけない副産物があります。それは、海外の文化や習慣を読書によって吸収できるということです。アメリカの遠足は黄色いスクールバスに乗って出かけること。学校の中にいろいろな人種の生徒がいること。英語多読本の中には、シングルマザーやシングルファーザーがあたりまえのように登場してきます。会話中にスペイン語が登場してくる児童書を読むと、現代アメリカでの移民の様子もよくわかります。古典作品を読めば、貴族と執事・メイドたちとの階級差、農民の少年が働きながら学ぶ苦労、そんなものを知ることもできるでしょう。

　さらにいえば、語学研修に行った生徒が、自分が読んだ英語多読本の話をすることによって、そこにいた外国人生徒と話が盛り上がったという例もあります。日本を訪れた外国人生徒と本校生徒が、学校図書館に排架されている本について、これはおもしろかったね、この登場人物はいいよねと、そこから会話がはずんだことも。

　とはいえ、中学校、高等学校の授業で、英語多読だけを実施することはできません。教科書の進度で、文法項目や単語を教え、リスニングやスピーキングもやらなければなりません。週にたった3時間という貴重な時間に英語多読を取り入れるためには、学校図書館と連携して、生徒が自分自身で読書を楽しみながら、授業外でインプットを増やす工夫をしていくことが大切です。

　英語多読によって英語力を上げようと気負いすぎず、まずは生徒が英語の本に触れ、継続して取り組むことを目標にしてください。そのために、学校図書館を大いに活用してほしいと思います。

学校図書館英語多読のすすめ

学校図書館という場所

　学校図書館は、もともと、児童・生徒の教室外での継続した学びを支える機能を持った施設です。英語多読本を所蔵することには、なんら違和感がないはずです。「本」の宝庫である学校図書館の中で、日本語の本と他言語の本とが並んでいることが自然になれば、生徒たちの英語に対する苦手意識や恐怖心は、どんどん少なくなっていくことでしょう。

　生徒の気持ちになって考えてみてください。読みたい本が英語科研究室に置いてあって、英語科教諭に頼まないと本が読めない。教員室に行かないと本が借りられない。部活動や塾で忙しいのに、持って帰ることができなくて、学校でしか読めない。そんな状況の中で、毎日、英語多読を続けることができるでしょうか？

　いつでも自由に借りることができて、電車の中や、就寝前などの隙間時間に読むことができたほうが、継続する気持ちになれると思いませんか？

　生徒が英語に触れる機会を増やすためには、学校図書館という場を活用することが有効だというのは、このためです。しかも、学校図書館には、生徒が本選びに迷ったときにアドバイスをしたり、カウンターでさりげなく励ましたりしてくれる学校図書館員がいます。英語科教諭と学校図書館員が連携することで、生徒の英語多読は、ますます順調に進んでいくことでしょう。

英語科教諭へ

　上記のような理由から、これから英語多読を始めようとする英語科教諭は、学校図書館との連携を視野に入れて動き始めてください。所属している学校の図書館が、連携に耐えうるような施設でないこともあるかもしれません。残念ながら学校図書館が機能していないのであれば、教諭が主導して育てていくしかありません。こうしてほしい、という要望をきちんと出してください。また、すでに英語科教諭が英語多読を実施していても、英語科研究室などに所蔵していて、学校図書館が関係していないと

いうこともあるようです。しかし、それは非常にもったいないことだと思います。学校内に英語多読本があるのであれば、これから新規に始める学校よりも、一日の長があります。ぜひ学校図書館に英語多読本を所蔵するように働きかけてください。予算や施設整備など、教科教諭が力になってくれることで、よりよい学校図書館を作れることもあります。

　とはいえ、英語科教諭に気をつけてほしいことは、英語多読本を学校図書館に所蔵してほしいという要望だけを出して、後は任せきりにしてしまってはいけないということです。学校図書館は基本的にひとり職場であることが多く、すでに業務過多で悲鳴を上げていることがあります。学校図書館が本を受け入れたり排架したりするのは当然なのだから、英語科が関わる必要はないという姿勢では、ものごとは決してうまく進みません。繰り返しますが、あくまでも英語科が主導での英語多読なのですから、受入等に関しては、学校図書館を牽引するくらいの気持ちで取り組んでほしいと思います。そして、生徒がどのように本を選んでいるのか、休み時間や放課後の様子はどうか、カウンターでどんな本をおもしろいと言っていたかなど、学校図書館員と情報共有をしてください。

学校図書館員へ

　学校図書館員にも注意してほしいことがあります。それは、なるべく学校図書館が独自に英語多読本を購入しないようにするということです。さまざまな言語の絵本を展示することと、英語多読本を排架することでは、学校図書館が発信するメッセージは大きく異なります。学校で行う英語多読は英語教育の一環であり、英語科教諭との連携あってこそ実施されるものです。

　英語多読本も本なのだから、学校図書館が所蔵するのは自由じゃないかと思うかもしれませんが、英語多読本に関しては、学校図書館が独自に所蔵することで、英語科教諭との関係が悪化する可能性があります。学習方法と直結しているだけに、英語多読を否定する英語科教諭にとっては目障りですし、学校図書館員が英語科教諭の指導領域にまで入り込むことを嫌う教諭もいるからです。英語科教諭と英語多読の導入について話し合い、お互いに了承できたところで、蔵書を構築するようにしてほしいと思います。あくまでも英語科が主導で英語多読を行い、それを支援するという形を崩さないでください。

学校図書館員が知っておくべきこと

　なぜ、学校図書館は英語多読本を所蔵するべきなのでしょうか。ここでは、学校図書館がどのような施設であるのかを、改めて考えてみたいと思います。

学校図書館で英語多読をすることの意味

　学校図書館法
　　（定義）
　　第二条　この法律において「学校図書館」とは、小学校（特別支援学校の小学部を含む。）、中学校（中等教育学校の前期課程及び特別支援学校の中学部を含む。）及び高等学校（中等教育学校の後期課程及び特別支援学校の高等部を含む。）（以下「学校」という。）において、図書、視覚聴覚教育の資料その他学校教育に必要な資料（以下「図書館資料」という。）を収集し、整理し、及び保存し、これを児童又は生徒及び教員の利用に供することによつて、学校の教育課程の展開に寄与するとともに、児童又は生徒の健全な教養を育成することを目的として設けられる学校の設備をいう。

　ここで注目すべきは「必要な資料を収集し、整理し、及び保存」する施設であるということだと思います。学校図書館員は、そのために、すべての授業で資料提供ができるように、幅広いジャンルの本を収集して蔵書を構築しています。そして、ここには決して、和書のみであるとは書かれていないのですから、英語多読本をそろえるのも当然のことです。
　学校図書館は、教室外での生徒の自発的な学習を支える場です。読書という行為が、英語科研究室など学校図書館とはまったく異なる場でのみ行われているとしたら、非常に残念なことではないでしょうか。これからの時代、英語多読本を積極的に所蔵することは、学校図書館にとって不可欠なことだと思います。

学校図書館員に求められる能力

　学校図書館員の中には「英語はずっと苦手だった」「今さら英語と言われても……」と、強い苦手意識を持っている方がいることと思います。

　しかし、英語多読に必要とされるのは、英語力よりも読書の力です。子ども向けの絵本や児童書を楽しめる心、物語に入り込んで楽しく読み進めることのできる力。そういうものがあれば、多少わからない英単語があっても勢いで読めてしまいます。それこそが、「わからないところは飛ばす」という、英語多読でもっとも重要とされている力です。そしてこれは、学校図書館員にはすでに備わっている力ではないでしょうか。

　また、授業をするのは、あくまでも英語科教諭です。学校図書館員が大人向けの洋書をすらすら読める必要はありません。むしろ、英語が苦手だという大人が、生徒と同じように英語多読に取り組んでいること。そのことのほうが、生徒に生涯学習のすばらしさを伝えることになります。英語科教諭とコミュニケーションをとりながら進めていけばいいので、自分ひとりで苦しむ必要はありません。

　最近は、日本語で英語多読本を紹介する本や Web サイトも増えてきました。積極的に情報収集を行えば、選書や企画展示も英語科教諭の力を借りてなんとかなります。どのような英語多読本から読み始めていいのかわからなければ、生徒と同じように、英語科教諭に相談しましょう。生徒がつまずいているようでしたら、その生徒の様子を英語科教諭に連絡して、一緒に生徒を支えましょう。そういう意味では、何よりコミュニケーション能力が必要だということになるかもしれません。

　少しずつ英語多読本の蔵書を増やしながら、自分でも読み進めていけば、いつしか、英語の力も身について、自分でちゃんと読んだ本を生徒に勧めることができるようになります。この際、英語多読によって、これまでの英語アレルギーを克服しましょう。そのうちに、邦訳されていない洋書も読めるようになります。これは、学校図書館員のような本好きにとっては、とても魅力的なことではないでしょうか？　英語が苦手な生徒と一緒に、苦労の中にも楽しみを見出して読み続けてください。その姿を見せることが、生徒へのいちばんの支援になります。教諭と生徒を支えるために、学校図書館員もつねに学び、成長していくことが大切です。

学校図書館英語多読の利点

　英語科教諭は英語の指導の専門家です。そして、学校図書館員は読書に関する専門家です。英語多読という読書を用いた学習法を取り入れるにあたっては、この専門家同士の連携があってはじめてうまくいくものだと考えています。

　さて、学校図書館で英語多読を実施するとどのような利点があるのでしょうか。

　ここではそれを学校図書館員、英語科教諭、生徒のそれぞれの立場から見てみたいと思います。

（1）学校図書館員の利点
　・学校図書館業務を理解してもらえる
　・教科教諭との連携が容易にできる
　・延滞督促などを英語科教諭に手伝ってもらえる
　・学校図書館に足を運ぶ生徒が増える

（2）英語科教諭の利点
　・本の管理が容易にできる
　・生徒の貸出管理が容易にできる
　・ブックリストなどを容易に作ってもらえる（作成するデータをもらえる）
　・学校図書館員との敷居が低くなり、いろいろなことを相談しやすくなる

（3）生徒の利点
　・貸出・返却が容易にできる
　・好きなときに自由に選べる
　・学校図書館員からお勧めの本を教えてもらえる

（1）学校図書館員の利点

　学校図書館員の利点は、最初にあげた「学校図書館業務を理解してもらえる」がいちばん大きなことです。

　学校図書館員が関わる英語多読の業務は、蔵書管理、資料提供の部分が非常に大きくなります。学校図書館員にとっては基本中の基本ですが、英語科教諭の中には、英語多読の実施によってはじめて気がついたという方も少なくありません。そして、このような基本部分があってこそ、授業支援ができているのだということを知ってもらえると、その先の連携が非常にスムーズになっていくのです。

　本校の例でいえば、英語多読をしたことで、司書教諭が年度はじめに行うオリエンテーションの時間確保が非常に楽になりました。これまで、高校１年生のオリエンテーションは、学年全体を対象にしたオリエンテーションと、各クラスを対象にした１コマで実施していました。毎年、ホームルームや情報、国語などの１コマ分をもらうために調整しなければならないことは、年度が移り変わる多忙な時期に、頭を痛めることのひとつでした。しかし、英語多読が実施されるようになって、英語多読の最初の１コマで、学校図書館オリエンテーションができるようになりました。学校図書館内で、和書と英語多読本がそれぞれどのような場所にあって、どのように検索すればいいのか。どのように借りて、どのように返せばいいのか。人気のある本やお勧めの本にはどんなものがあるのか。学校図書館に排架してある本について、その利用方法を伝えるということなので、英語科教諭も快くオリエンテーションの時間を与えてくれます。

　また、延滞督促のお手伝いもしてもらえるようになりました。授業中に英語多読本の延滞督促をするついでに、和書の督促もしてくれます。しかも、本校では延滞していると次の本を借りることができないため、英語多読の課題のために、ちゃんと本を返す生徒も増えました。

　生徒に関することでいえば、英語多読本を自分で購入する生徒はほとんどいません。学校図書館に借りに来なければならないので、ついでに和書や雑誌を借りたり、座って雑誌を読んでくつろいだりと、学校図書館に足を運ぶ生徒が増えました。生徒が来るとなれば、こちらの展示や掲示もやりがいがあるというものです。展示や掲示に力を入れれば、生徒がそれを目当てにまた来館して……という、よい循環が生まれました。

（2）英語科教諭の利点

　英語科教諭にとってのいちばんの利点は、蔵書の管理や貸出・返却が容易になることです。教科研究室などにある場合には、Excel で管理したり、紙に書かせて貸出をしたりと、面倒なことがいくつかありますが、学校図書館に排架することで、そのような面倒は一切なくなります。しかも、どの学年が何冊くらい借りているのか、どの本が人気なのかということも、一目瞭然に知ることができます。

　ほとんどの学校図書館の業務用システムでは、所蔵している本のデータを簡単に出力できます。このデータを利用すると、ブックリストが短時間で作れます。たとえば、読んだ本にチェックを入れていくと、全体で何語になるかがひと目でわかるようなものです。「今学期はこれを読ませたい」と思った本を抜き出して、ブックリストを作成してもよいでしょう。動物が出てくる本だけを抜き出してリスト化して、「犬の本を読んだら○○語！」というようなブックリストを作成してもおもしろいかもしれません。書誌データとも関連する部分ですので、32 ページも参照してください。

　本校の場合、英語多読を実施することで、英語科教諭がこれまで使いこなせていなかった学校図書館システムの便利さを知るようになりました。現在では、貸出上位者リストやブックリスト作成など、さまざまなかたちでデータを活用しています。このように、学校図書館員と一緒に何かをすると、ものごとが非常に楽になるということが理解できるのも、利点のひとつです。また、英語多読の授業を学校図書館内で実施しているうちに、司書教諭と話をする時間が増え、ほかの形態の授業を一緒に実施する機会が生まれました。読んで、調べて、書いて、発表する。これは、どの授業でも同じことです。英語科の授業の場合には、和書を読んで、調べて、英語で書いて、発表する場合と、英語の本を読んで、和書で調べて、日本語で書いて、発表する場合があります。最初から最後まで、英語で読んで、調べて、書いて、発表する場合もあります。司書教諭に調べるところや発表するところなど、日本語の部分で支援してもらえることが、英語科教諭にとっては非常に心強い部分です。生徒に与えるトピックを決めるときにも、司書教諭の知恵を借りることがあります。このように関わる時間が長くなったことで、授業以外での生徒支援も深まりました。教室で見せる顔と、学校図書館で見せる顔では、微妙に異なっている生徒がいます。担任クラスの生徒についての情報を司書教諭と共有することができる点も、教諭としての大きな利点です。

（3）生徒の利点

　生徒にとってのいちばんの利点は、貸出・返却が容易なことです。教科研究室など
にある場合には、いちいち鍵を開けてもらったり、教諭が見ている前で本を選ばねば
ならなかったりすることが、プレッシャーになってしまうことがあります。

　学校図書館に排架されている場合は、昼休みや放課後など、好きなときに行って、
自由に選ぶことができます。並べられている本がレベル別になっていれば、自分のレ
ベルに合わない本を間違って選んでしまう生徒は、それほどいません。学校図書館員
の目の届くところで選んでいれば、お勧めの本を教えてもらえますし、友人同士連れ
立ってきて、お互いにお勧め本を紹介しながら選ぶこともできます。

　本校の場合、英語多読本を借りるために学校図書館に来るようになって、学校図書
館に来れば、司書教諭にレポートの相談をしたり、いろいろな本を紹介してもらえる
のだということが理解できたという生徒がいました。学校図書館は集中して勉強でき
る場所だということに気づいて、放課後に勉強に来るようになった生徒もいます。最
初はただ英語多読本を借りるためだけに通っていた生徒でも、次第に学校図書館その
ものの魅力に気づくことができることが、大きな利点だと思います。

　このような生徒たちを支えるために、学校図書館員と英語科教諭にしてほしいこと
がいくつかあります。まず、学校図書館員は、カウンターで生徒の様子をよく観察し
ましょう。書架の前で悩んでいるような生徒がいたら、ひとこと声をかけて、一緒に
本を探してあげてください。また、特徴的な英語多読本についての知識を持っておく
ことも大切です。たとえば、Rainbow Magic は 1 冊読み切りではなく、Pet や Jewel
などの妖精ごとに、話が続いています。Pet の 1 巻目と Jewel の 2 巻目を持ってきた
生徒には、「このシリーズは、妖精ごとに違っていて……」という説明をしてあげま
しょう。英語科教諭は、週に 1 度程度でかまわないので、休み時間や放課後に、学校
図書館を訪れてください。教員室に行ってまで相談する生徒はいませんが、学校図書
館の中で会った教諭になら、どの本を読んでよいのかわからないことや、つまずいて
しまったこと、もっと難しい本に挑戦してみたいことなど、気軽に相談できます。お
もしろかった本や、つまらなかった本などを生徒から聞くことで、次の選書にいかす
こともできます。ほんのちょっとの声かけが、生徒の継続的な学習の支援につながり
ます。詳しくは、40 ページの「読書支援」の項もお読みください。

英語多読実施の壁を乗り越える

　英語多読の実施は、英語科教諭、学校図書館員、生徒にとって、利点しかないようにも感じます。とはいえ、予算や排架場所の問題が解決できたとしても、英語多読を実施することは困難だと感じている英語科教諭や学校図書館員、実際に壁にぶつかって、英語多読の実施ができていない学校があります。

英語科教諭の壁

　「英語の本だけを読んで英語力が上がるわけがない（のに、英語多読をやれと言われても面倒くさいだけ）」
　「ほかにもっといい学習法があるので、英語多読をする必要なんてない」
　このように、英語科教諭が英語多読に対して否定的だったり、興味を持っていなかったりすると、一部の教諭ががんばっても、なかなか学校全体に浸透するところまではいかないようです。
　しかし、英語多読は「授業＋α」の学習法ですし、辞書を絶対引いてはいけないというものでもありません。英語多読は必ずしも授業で扱う必要はなく（扱ったほうがいいのはもちろんですが！）、個人の学習法のひとつだと考えれば、そう否定的になるようなものでもないはずです。
　もし、英語多読をやってみよう！ という気持ちがあったら、まずは英語科教諭の中で仲間を見つけ、次に必ず、学校図書館員に相談してください。学校内に教科を超えた支援者を見つけることができたら、とても心強いことだと思いませんか？　そして、「学校図書館に英語多読本を置いておくだけですよ？」と、改めてほかの英語科教諭をもうひと押ししてみてください。「学校図書館が手伝ってくれるなら、そう面倒でもなさそうだからやってみてもいいか」と思ってくれる英語科教諭は、きっといるはずです。詳しくは、54ページの「英語多読に賛成してくれる仲間を見つけよう」もお読みください。

学校図書館員の壁

「苦手だった英語に、今さら挑戦なんかしたくない」
「和書だけでも大変なのに、英語多読本の仕事なんてできるわけがない」

　このように学校図書館員が英語多読に消極的だと、そもそも英語科教諭との接点も少ないため、英語科と一緒に英語多読をやろう！　というところまでたどり着くことが容易ではないようです。

　しかし、グローバル化が浸透してきたこの時代に、英語から逃げているわけにはいかないと焦っている学校図書館員も多いのではないでしょうか。英語多読は英語が苦手な人にこそお勧めしたい学習法です。学校図書館の蔵書で勉強できてしまうとしたら、これほど便利なことはないと思いませんか？　苦手意識を忘れて、生徒と一緒にポジティブに取り組んでもらいたいと思います。

　業務増加に関しては、確かに、どんなに少なくても英語多読本の受け入れや貸出・返却、返本分が増えます。初期導入時の作業はかなり負担になることでしょう。そのようなときには、「この作業は、英語科の先生方にお願いしたい」と、英語科教諭にお願いしてみてください。「100 冊のうち、80 冊分は英語科の先生方で手分けして書誌データを作成してください」とか「装備の方法を教えるので、英語科の先生方で装備をお願いします」とか、わかりやすい作業を手伝ってもらうことができたら、負担はかなり軽減します。同じ学校で働く同僚同士なのですから、ときには正直に弱音を吐いて、手伝ってもらいましょう。

　とある学校の話ですが、英語科教諭が学校図書館員に作業を丸投げしたことで、学校図書館業務が過剰になってしまい、それが原因で関係がぎくしゃくした結果、英語多読本が学校図書館から引き上げられてしまった……そんなことがあったそうです。非常に残念なことだと思います。

壁を乗り越えるために

　お互いに、少しずつ負担を分かち合う。どちらかが支えるのではなく、お互いに支え合う。そのような関係が必要なのだと思います。ちょっとだけ意識を変化させてください。ちなみに、本校では英語科教諭が書誌データ作成、装備、返本を担当しています。司書教諭ら 3 名でやったのなら到底終わらない量の作業が、10 人以上の英語科教諭であっという間に片づいていくさまは壮観です。

海外書店で購入　②書店購入のここが便利！

　学校図書館や公共図書館で紹介してもらった児童書は、後からインターネットや書店で購入するというひと手間が必要になってしまいます。しかし、書店購入では、抜き取りをしている間にも、「こういうシリーズもどうかしら」と、次々に持ってきてくれて、「じゃ、それも買います。これはちょっと難しいのでやめておきます」と即決できる点が非常に便利です。

　カナダ、バンクーバーにある Kidsbooks（https://www.kidsbooks.ca/）という児童書専門書店は、お勧め書店のひとつ。

　一般書店と違うのは、もっとも難易度の高い本でも、Twilight や Harry Potter などという YA 本であること。広い店内には、乳幼児用の絵本や、単語を押すと音の出る絵本、車や飛行機についての本など、児童書だけが並んでいます。また、あちらこちらにクッションや椅子が置いてあって、ゆったりくつろいで読むことも可。本探しに迷っていると、店員さんのほうから声をかけてくれました。

　ここで購入したのは、『NEWTONIAN PHYSICS for babies』『OPTICAL PHYSICS for babies』（2冊とも Ferrie, Chris 著／ Sourcebooks）など、乳幼児向けの科学絵本（？）のシリーズと、書店員さん絶賛の Magic Bone シリーズ（120 ページ参照）、カナダが誇る絵本作家 Munsch, Robert（100 ページ参照）の絵本など、簡単なものから、それなりにボリュームのあるものまで約 70 冊。中には、カナダっぽいものだと意識して購入した『RAVEN : A Trickster Tale from the Pacific Northwest（McDermott, Gerald 著／ Voyger Books』なども。しかし、実は『Romeo and Juliet: For Kids（Shakespeare Can Be Fun !）（Burdett, Lois 著／ Firefly Books）』もカナダの出版社だということに気づいたとき、次の疑問が浮かびます。そういえば、英米以外の英語圏の児童文学作家を、どれくらい知っているだろう……？

　　　　　　　　　　　　　　　　　　　（44 ページに続く）

第2部　学校図書館での英語多読業務

　第2部では、学校図書館での具体的な作業についてご紹介します。装備など、学校図書館員のみが知っていればよいものもありますが、選書や返本、書誌データ作成などは、英語科教諭にも知っておいてもらいたいと思います。

　英語科教諭も、ぜひひととおり目を通してください。

選書

　選書は、英語科教諭と学校図書館員が力を合わせて行うようにしてください。

　ただし、導入直後の1,000冊程度までは、主にイギリスの語学出版社から出版されている非英語圏の学習者向け読みものGraded Readers（以下、GR）や、英米の子ども向けに書かれた段階別読みものLeveled Readers（以下、LR）を中心にそろえることを目標とし、無理に学校の独自色を出そうとしたり、新刊本や英米で人気となっているヤングアダルト（YA）本を入れようとする必要はありません。

　本書後半では、さまざまな観点からの推薦図書を掲載してあります。選書の際の参考にしてくださればと幸いです。

　自分自身で英語の本を選ぶときには、次の3点に気をつけてください。

(1) GRとLR、原書といった違いを理解する。
(2) ふだん生徒たちが和書でどのようなジャンルを好んで読んでいるかを把握し、物語に限らず、伝記、自然科学、社会科学系の本も入れる。
(3) ハードカバーよりもペーパーバック。10,000語以下（できれば500～3,000語程度）のものを中心に集めることが望ましい。

(1) GRとLR、原書の違いを理解する

　基本的な資料知識として、英語科教諭にも学校図書館員にも知っておいてほしいものです。GR、LR、原書の違いは、26ページの表のようになります。

　この表にもあるように、LRの絵本とは異なり、原書の絵本には難しいものがあります。生徒たちは「絵本＝簡単」と思って飛びつきがちなので、絵本の選択には細心の注意を払ってもらいたいと思います。たとえば、1,000語のLRは短い章に分かれていますが、1,000語の絵本は全体でひとつの物語になっていることがあります。英語に慣れていない生徒にとって、長い文章を読むことはそれだけで苦痛です。

（2）生徒たちが和書でどのようなジャンルを好んで読んでいるかを把握する

　学校図書館員だからこそできる選書です。母語で何が好まれているのかという情報を英語科教諭に伝えて、選書に役立ててもらうこともあるでしょう。和書の蔵書構築と同じようなバランス感覚が、学校図書館員には求められています。英語多読本はどうしても物語が多くなりますが、その中でも、ファンタジー、ミステリーなど、生徒が好むジャンルを把握してください。英語科教諭に自分の好みを話すために教員室に行く生徒はほとんどいませんが、カウンターに来て、「アメリカン・コミックスの原作本があれば読むのになあ」「英訳されている日本のライトノベルを読んでみたい」とつぶやく生徒はいます。そういう小さな声を拾い上げるのも、学校図書館員の仕事です。

　予算に余裕が出てきたら、レシピ本、工作本、旅行ガイドブックなども含めるように心がけましょう。伝記や、ナショナル ジオグラフィック社の自然科学の本などは、生徒が好んで読みます。

　また、英語多読本とは異なりますが、百科事典をそろえておくことも推奨します。英語多読が進むと、生徒の英語力が向上してくるため、英語を使った調べ学習の授業も増加してきます。それに対応する必要があるからです。

（3）10,000 語以下のものを集める

　分厚い洋書には、なかなか手が出ないものです。生徒にとっては、長いというだけで敬遠する理由になります。予算には限りがあるので、最初に購入すべきは 500 〜 3,000 語を多めに、10,000 語以下を中心にしてください。YA 本以上の原書は入れなくてもかまいません。英語多読を開始して数年たち、生徒たちが英語多読を進めていって、YA 本や一般書も読めるようになったときに購入して、十分に間に合います。

選書に役立つサイト

　122 ページには、選書に役立つサイトをいくつか掲載しておきました。

　海外図書館や書店、海外の教諭や図書館員向けサイトなどです。ひととおり眺めて、自分が使いやすい、見やすいと思ったサイトを活用していただければと思います。

英語多読向け書籍の種類

Graded Readers ／ GR	Oxford University Press、Cambridge University Press など、主にイギリスの語学専門出版社が出版している非英語圏での英語学習者向け段階別読みもの。Oxford Bookworms（OXB）の低いレベルには、もともとの作品の文法、語彙を学習者に合わせて統制して書かれたリライト作品が多い。高いレベルになると、原書が混じってくる。 一方、Cambridge English Readers は文法、語彙を学習者に合わせて統制して書かれたオリジナル作品が中心。いずれも学習者の年齢を高校生以上程度に置いているため、リライト、オリジナル作品ともに成人の鑑賞に堪えうる内容のもので構成されている。
Leveled Readers ／ LR	Oxford Reading Tree（ORT）、I Can Read（ICR）、Ready-To-Read（RTR）など、英米の子どもたちが本の読み方を学ぶために使うレベル分けされた読みもの。登場人物の多くが 10 歳以下の子どもたちやその家族、動物、妖精になっている。シリーズ化された子ども向けの絵本やファンタジーが多い。英米の子どもたちの語彙、文法レベルに合わせてあるため、内容は幼稚だが、GR よりも読みにくいと感じる生徒もいる。また、高校生男子では、幼稚すぎて手に取ることを嫌がる場合もある。
Picture Books ／ 絵本	英語多読に用いられる絵本には、LR に含まれるものと、原書との２種類がある。LR は語彙、文法ともに平易なものが多い。一方、原書には押韻を重視したために難しい単語が使用されていたり、時制などの文法的に難しいものなどが含まれているものもある。
Authentic ／ 原書	中学校・高等学校で英語多読本としてよく知られている原書は、Nate the Great シリーズ、Magic Tree House シリーズなど、海外では対象年齢６～９歳、５歳程度が読むとされているものである。YA 本以上の作品は、英語多読本ではなく、ひととおり英語多読によって英語力を身につけたときに自分の好みによって読むものであり、英語多読本とは別のものとして考えたほうがよい。

分類

　英語多読本の分類はどのようにすべきでしょうか。NDC（Nippon Decimal Classification：日本十進分類法）の「英語（830）」あるいは「英語読本（837.7）」に分類すべきなのか。読みもの以外、たとえば伝記やレシピ本は和書と同じようにNDC、または北米図書館のようにDDC（Dewey Decimal Classification：デューイ十進分類法）で分類すべきなのか、それともまったく違う方法で分類すべきなのか。悩んでいる学校図書館員は多いようです。

　結論としては、837.7の棚にまとめることも、NDCやDDCで分類する必要もないと思います。「英語読本」で分類してしまうと、8類の棚が英語多読のところだけ、やけにいっぱいになってしまいます。837.7で分類したうえで、違う場所に別置するのであれば、最初から別置記号をつけておいたほうがよいでしょう。また、NDCまたはDDCで分類する必要もありません。英語多読本は基本的には物語中心です。伝記や自然科学の本もありますが、全体的に見れば少数にすぎません。「洋書」と「英語多読本」は別のものなのです。洋書を数万冊所蔵していて、その中に小説があるような学校図書館であれば、DDCでとるべきかもしれません。しかし、現在の多くの学校図書館においては、その必要はありません。英語多読本としての別置記号に、出版社略称あるいは著者記号をつける方法でよいでしょう。

　たとえば、分類記号は「ENG」、図書（著者）記号は「ORT（Oxford Reading Tree）」「OXB（Oxford Bookworms）」「PEN（Penguin Readers）」「ICR（I Can Read）」などとします。特にやさしいレベルのときには、著者記号よりもこのような略称でとって、シリーズごとに並べたほうがよいでしょう。仮に著者記号でとったとしても、著者名順で並べるよりも、出版社やシリーズごとにまとめて置いたほうが読まれます。

　本校の例は、28、29ページの写真を参考にしてください。

排架場所と方法

ブックトラックを活用する

　英語多読本を置くための場所を設けることは、多くの学校図書館にとって悩みどころのひとつです。費用の捻出には工夫が必要ですが、ブックトラックの活用を検討してみてください。

　ブックトラック活用にはいくつかの利点があります。もっとも大きな利点は、学校図書館以外の場所での英語多読も可能になるため、複数展開できるという点にあります。本校では、高校1年生が学校図書館内でレベル1以上の本を読んでいるときに、ブックトラックごと Starter を持っていった中学2年生が教室で英語多読を実施するということも可能でした。また、何より移動ができるので、邪魔になったら少し端に寄せて、大いに宣伝したいときには中央に持ってきて……など、気軽に排架場所のレイアウト変更ができる点も便利です。

ブックトラックを活用した例

排架のポイント

　英語多読本は薄いため、背表紙を見ただけではタイトルがわかりにくいという難点があります。排架のポイントは2つあります。

① レベルがわかるようにして、レベル別にまとめる
② シリーズ、出版社ごとに並べる

　①は、分類のところでも説明したように、生徒が本を選択しやすくするためにも必要なことです。

②は、特に低いレベルのときに有効です。英語多読本に関しては、順番を気にして読む生徒はそれほどいません。排架のときにも、順番は特に気にせず、まとめて置いておくだけでかまいません。本をまとめて入れておける箱があれば、それを利用することもあります。生徒たちは箱の中から本を取り出して、読んだか読んでいないかを最初の数ページをめくって確認したり、表紙のイラストを眺め

シリーズごとにまとめて箱に入れる

て思い出したりすることになります。このようにして、同じ本やシリーズを何度か手にすることも、英語多読本に対する親しみを増すことにつながります。

書架に排架する

どうしてもブックトラックでの別置が無理だという場合には、8類ではなく、9類（文学）の棚の近くに並べるとよいでしょう。英語多読本を分類して、たとえばレシピ本は料理の近く、ナショナル ジオグラフィックの本は自然科学の近く、などというふうに、それぞれの分類の場所に置くことは、あまりお勧めしません（27ページ「分類」の項参照）。

なお、背表紙を見せた本だけが並んでいるとつまらないのは、和書も英語多読本も同じです。新着本や人気の本、特にお勧めの本は表紙を見せるようにして展示すると、生徒が手を伸ばしやすくなります。邦訳されているものと一緒に並べることも有効な展示方法のひとつでしょう。ある期間だけの展示ではなく、日常的に何冊かは表紙を見せて並べておくことをお勧めします。

邦訳本と並べて展示

いずれにしても、英語多読本に関しては、絵本や雑誌などと同じように、一般的な和書とは別の扱いにしたほうが、生徒も手に取りやすく、こちらの管理も楽になります。

レベル分け

　GR、LR は、出版社によって独自のレベル分けがされています。しかし、英語多読を実施している多くの学校図書館や公共図書館では、独自のレベル分けをしているところが多いようです。GR、LR でレベル分けされているのに、なぜ改めて違うレベル分けをする必要があるのでしょうか？　それは、出版社が違うと同じレベル 1 でも難易度が異なっているからです。そのため、学習者用に独自のレベル分けをする必要が生じるのです。

　学校図書館では、生徒の英語力に合わせて 4～5 段階程度のレベル分けをすることが望ましいと考えます。指導状況によって、文字数が 100 に満たないような簡単な英語多読本から、Nate the Great（116 ページ参照）までを 4 段階にすることもあるでしょう。Tuesdays with Morrie（69 ページ参照）のような一般書までを 5 段階にして、Nate the Great を 2 段階めに置くこともあるかもしれません。最終レベルをどこに置き、何段階に分けるかということは、英語科教諭が判断して決定するものです。ただし、どのような基準でレベル分けがなされているのかということについては、学校図書館員もよく理解しておく必要があります。

　本校では、非常に簡単な本から一般書までを 5 段階に分けています（下表）。各レベルに入れられた本には、本来ならレベル 1 のものがレベル 2 に入っていたり、レベル 2 のものがレベル 1 に入っていたりと、あえて重なりを持たせています。それは、ある程度、幅を持ったレベルの本の中から自分が読む本を選択していくことで、自然に生徒自身の選書力が身につくと考えているからです。

本校での英語多読本のレベル分け

Level	ラベル（色）	英検の目安	シリーズや作品
Starter	オレンジ	～4 級	Hello, Clifford! / Young Cam Jansen and Dinosaur Game
Level 1	水色	3 級	Frog and Toad Are Friends / Nate the Great
Level 2	黄色	準 2 級	Judy Moody / Can you Survive
Level 3	緑	2 級	Life on the Refrigerator Door / Hatchet
Level 4	赤	準 1～原書	Harry Potter / Twilight

語数カウント

語数カウントの重要性

装備とも関連しますが、語数をカウントしたら、それを必ず本のどこかに記してください。英語多読においては、「何冊読んだか」よりも「何語読んだか」ということのほうが、学習者のモチベーション維持につながります。そのため、本に語数が記されていることはとても重要です。

レベル・語数を示すシール

語数データを Web 上で探す

英語多読が盛んになったためか、Web 上で入手できる語数データも増えてきました。正確を期するためには、1冊1冊、手作業で数える必要があるという研究もあるようです。ただし、英語科教諭にしろ学校図書館員にしろ、そこまで時間をかけていられないというのが実情です。研究上あるいは評価上、どうしても正確な読書量を把握したいというのでなければ、語数に関しては「大体の目安」だと割り切りましょう。出版社や書店、英語多読本を所蔵している図書館のサイトで、語数が掲載されているページは、「書名　語数」で検索するとヒットします。どうしても語数がわからない本に関しては、英語多読本のための語数計算式を掲載しているサイトもありますので、そちらを参考にさせてもらってください。35 ページに、いくつか参考になるサイトを掲載しておきました。

書誌データの作成と入力

書店やWebのデータを確認する

　OPAC（Online Public Access Catalog：オンライン蔵書目録）で検索できるようにするためには、書誌データを入力する必要があります。具体的には、書名、シリーズ名、著者名、出版社名、ページ数、本の大きさ、ISBN、レベル、語数、ジャンル、請求記号が英語多読本の必要データになります。

　和書の場合にはMARC（Machine-Readable Cataloging：機械可読目録）を入手することが多いと思いますが、英語多読本のMARCはなかなか入手できません。無料で入手することのできる国立国会図書館（NDL）MARCにも、英語多読本に関しては一部のものしかないのが実情です。

　書店から購入した場合には、まずは書店のデータをもらえるかを確認してください。書店が独自に作成しているデータをExcelでもらうことができれば、書誌データ作成は、かなり容易になります。また、Amazonのデータをダウンロードできる無料アプリなどを使ってもよいでしょう。

書誌データを手入力する

　書店やWeb上から入手できなかったものに関しては、手入力で書誌データを作成します。このとき、学校図書館システムに1冊ずつ直接入力するのは、難しいと思います。というのも、システムがインストールされているパソコンの台数に限りがあり、和書作業が優先される状況で、英語多読本の入力に時間をかけることが難しいからです。そこで、Excelで書誌データを作成し、それをシステムにインポートする方法を推奨します。ほとんどの学校図書館システムで、CSV形式のデータをインポートすることができると思います。参考までに、本校で用いているテンプレートを34ページに掲載しました。

英語科教諭の協力が必要

　ところで、この書誌データ作成は学校図書館員、英語科教諭、どちらが作成するのでしょうか？　これは学校の状況にもよりますので、お互いによく話し合ってください。たとえば、ひとりで100冊の入力は困難でも、10人で10冊ずつならそれほど大きな負担にはなりません。英語科4人と学校図書館員ひとりが20冊ずつ入力することもあるかもしれません。図書委員など、生徒に手伝ってもらうこともできるでしょう。いずれにせよ、どちらか片方だけの負担増にならないように気をつけてください。お互いにどこまでなら助けられるのか、手を差し伸べつつ、しかし無理はせず、というバランスが大切です。

　なお、英語科教諭で、まだ学校図書館との連携はできていないという場合にも、Excelファイルの作成は始めておいてください。冊数が増えてきてから作成するのは面倒ですが、書店に依頼してデータを入手しておいたり、10数冊ずつ手入力したりすることは、それほど負担にならないはずです。学校図書館との連携がとれたらすぐに動けるように、今から準備をしておくとよいでしょう。

書誌データ入力（インポート）

　作成された書誌データを学校図書館システムにインポートするのは、学校図書館員の仕事です。学校図書館システムごとにインポート方法は異なるため、マニュアルをよく読むか、システム会社に確認してください。

　学校図書館システムに入力するときには、所蔵区分、排架区分、予算区分やデータ入力日、排架日、予算日付などの情報が必要になります。また、OPAC検索のときに「1」「2,500」ではなく「レベル1」「2,500語」のように見えるようにするため、「レベル」や「語」の文字を付け加えることもあります。このように一括で必要データを加えるのも図書館側の作業となるでしょう。本の大きさなども、シリーズで一括入力できるものとして、ここで入力してもよいかもしれません。インポート前に加えるのか、インポート後に一括入力するのかは、学校図書館システムの仕様によっても異なってくることだと思われます。

　所蔵区分、排架区分ともに和書とは区別したほうがよいでしょう。予算区分は「寄贈」あるいは「固定」や「簿外」、「消耗品」など、学校での予算区分に従ってください。

本校での書誌データ作成例

入力者氏名： muramatsu
入力日付： 2017 Sept 4

保存するときに 2017 new books 明次郎 のように自分の姓をつける。Sheetにも自分の名前をつける。

※ 1列目が入力例です。　　The と A は後ろに（例）Apple, The　　　　　　Family Name, Given Name

請求記	図書記	巻冊記	登録番	タイトル	シリーズ名	著者	出版社
ENG	ST			Treasure Island		Stevenson, Robart Lois	Ladybird Classic
ENG	RTR			Puppy Mudge Takes a Bath	Puppy Mudge	Rylant, Cynthia	Simon & Schuster
ENG	RTR			Puppy Mudge Has a Snack	Puppy Mudge	Rylant, Cynthia	Simon & Schuster
ENG	RTR			Puppy Mudge Loves His Blanket	Puppy Mudge	Rylant, Cynthia	Simon & Schuster
ENG	RTR			Puppy Mudge Finds a Friend	Puppy Mudge	Rylant, Cynthia	Simon & Schuster
ENG	RTR			Puppy Mudge Wants to Play	Puppy Mudge	Rylant, Cynthia	Simon & Schuster
ENG	RTR			Henry and Mudge the First Book	Henry and Mudge	Rylant, Cynthia	Simon & Schuster
ENG	ME			Pet Keeper Fairies, The	Rainbow Magic	Meadows, Daisy	Orchard
ENG	ME			Fairyland Costume Ball, The	Rainbow Magic	Meadows, Daisy	Orchard
ENG	ME			Fairy Ballet, A	Rainbow Magic	Meadows, Daisy	Orchard
ENG	ME			Fairy Treasure Hunt, The	Rainbow Magic	Meadows, Daisy	Orchard
ENG	ME			Fairy Treasure Hunt, The	Rainbow Magic	Meadows, Daisy	Orchard
ENG							
ENG							

（ISBN13 で入力）　（レベル）　（語数）　　　　　　　　　　（ジャンル）

ISBN	件名5	注記1		注記2	件名4	件名1 / 件名2	備考
9781409311287	2	5,390	語	, レベル	英語科多読	fiction	
9781481447850	S	108	語	, レベル	英語科多読	fiction , boy , dog	
9781481447850	S	97	語	, レベル	英語科多読	fiction , boy , dog	
9781481447850	S	85	語	, レベル	英語科多読	fiction , boy , dog	
9781481447850	S	76	語	, レベル	英語科多読	fiction , boy , dog	
9781481447850	S	98	語	, レベル	英語科多読	fiction , boy , dog	
9781481447850	S	815	語	, レベル	英語科多読	fiction , boy , dog	
9781408339763	S	464	語	, レベル	英語科多読	fantasy , girl	
9781408339749	S	620	語	, レベル	英語科多読	fantasy , girl	
9781408345818	S	847	語	, レベル	英語科多読	fantasy , girl	
9781408339664	S	717	語	, レベル	英語科多読	fantasy , girl	
9780545384933	S	717	語	, レベル	英語科多読	fantasy , girl	
			語	, レベル	英語科多読		
			語	, レベル	英語科多読		
			語		語科多読		

　＊ジャンルに関しては、fantasy、mystery、fiction、non-fiction、nature、history、biography などのほか、boy、girl、dog、love などを入れておくと、検索もできて便利です。

　海外の学校図書館などでは、SF にはロケット、恋愛小説にはハートなど、さまざまな形のシールを貼って、わかりやすいジャンル分けをしているところもあります。

　みなさんもさまざまな工夫をしてみてください。

語数カウントが載っているサイト

英語多読本の語数は、本の裏表紙に記載されている場合もあります。新しく出版されたGRやLRの本では、ほとんどの本に語数とレベルが書いてあるようです。しかし、絵本や簡単な原書など、それらがない場合には、下記のサイトを参考にしてください。多くの場合はレベルやジャンルも記載されていますので、選書にも使えます。

DOGO Books

https://www.dogobooks.com/

語数を数えるためには、いちばん使いやすいサイトです。実際に何歳の生徒が楽しんだのか、子どもたちが書いたレビューも掲載されているので、選書の参考にもなります。

Renaissance Accelerated Reader Bookfinder™

http://www.arbookfind.com/default.aspx

こちらも使いやすいサイトです。ジャンル、レベルで検索できるので、選書の参考にもなります。

SSS 書評

http://www.seg.co.jp/sss_review/jsp/frm_a_130.jsp

日本の学習者が好むシリーズ、よく知られた英語多読本などの語数が検索できます。基本的な英語多読本などの紹介もあるほか、自分で語数を数えるときの計算方法についても掲載されています。

これらのサイトは、趣味で作成されたと思われるものもあります。そのため、複数サイトを比較すると語数が違っていることもあります。しかし、1冊1冊カウントするより断然早いことは間違いありません。

先に述べたように、よほどの場合でない限りは、語数に関してそれほど神経質になる必要もないと思われますので、自分で使いやすいサイトを見つけて利用してください。上記のどのサイトにも語数が載っていない場合は、自分で数えましょう。

装備

請求記号ラベル、バーコードの作成と貼付

　学校図書館で所蔵する場合には、請求記号ラベル、バーコード貼付などの装備が必要になります。ラベルの色を和書と分けることが可能ならば、そのほうがわかりやすくてよいと思います。バーコードに関しては、学校図書館ごとに区分や出力方法が違うと思いますので、それぞれの仕様に合わせてください。

レベル、語数シールの作成と貼付

　31ページで述べたように、英語多読本では、学習者の助けとなるレベル、語数を示すことが重要です。色別のテプラシールで語数、レベルを示すと便利です。ほかにも、本の外側にマジックでレベル分けの色をつけたり、シールを貼るなどの方法が考えられます。排架してある状態で、すぐにレベルを判別できるようにしましょう。語数は、手に取った状態でわかることが望ましいですが、表紙内側に記してもかまいません。

その他

　ビニールコートやタトルテープは、予算に応じて装備してください。薄くてもしっかりした表紙の本のコーティングは不要ですが、紙質のあまりよくないペーパーバックは、背表紙部分だけでもコーティングすると、長く使えるようになります。

　ORTのように、薄くて、各Stageが6冊ずつあるような本に関しては、丈夫なチャック付きビニールポーチに入れたり、ひもで結んでおくこともあるようです。ただし、Stageごとにかっちりと製本することは、あまり推奨しません。授業中にグループで読むこともあるので、ばらばらに回し読みができるようにしておくことも大切だからです。

CD 等の取り扱い

装備に関連することですが、CD の取り扱いに悩んでいる学校図書館が多いようです。

まず、CD は著作権上、複製できないことを理解しておいてください。複製したものを英語多読本につけて貸し出すということはできません。そのように考えると、紛失の恐れもあるので、CD は英語多読本につけるのではなく、別に保管したほうがよいでしょう。CD 付きの本

CD 付き本の取り扱い

に関しては、表紙に「CD　1 枚付」など、わかるように明記しておきます。

本校では、英語多読本に「CD　001」というシールを貼って、CD 番号がわかるようにしています。CD そのものはカウンター内の引き出しに番号順に並べてあるため、生徒が英語多読本と CD をあわせて借りたいと言ってきたときには、CD を出してきて、貸出処理をします。CD ケースにもバーコードがついています。

学校によっては、学校図書館内にポータブル CD 再生プレイヤーを用意して、生徒が自由に聴き読みできるところもあるようです。また、CALL 教室などで聴けるようにしている学校もあります。ユニークな語りの CD もたくさんありますので、生徒が多聴も楽しめるように、工夫してみてください。

読書記録用紙の保管

読書記録用紙など、生徒が必要とするプリント類についても、学校図書館内に置いておく場所があると便利です。英語科に限らず、他教科でも日常的に使うものがあれば、学校図書館で管理することには利点があります。プリントがなくなれば学校図書館に来るため、生徒の学校図書館利用にもつながりますし、補充のために訪れた教科教諭とコミュニケーションを図ることができるからです。低書架の上やカウンターの隅などの空きスペースを利用してみましょう。

書架上に置かれたプリント

貸出・返却

　貸出・返却は学校図書館員の仕事です。
　貸出冊数や期限を、和書と別に設けることができるようなシステムだったら、貸出冊数の上限を無制限とし、貸出期限は和書よりも長めの3週間程度に設定することをお勧めします。10分で読めるような本を毎日借りに来なければならないと思うと、やる気が失せてしまう可能性があります。生徒が手元に5～10冊程度の本を持っていられるような設定にしてください。

本校図書館の例

種類	冊数	貸出期間
和書	8冊	15日間
雑誌	3冊	15日間
英語多読本	無制限	3週間

　貸出・返却作業は、学校図書館カウンターで行います。ただし、教室貸出もできるように、専用の貸出用紙も別に作成しておくと便利です。教室内での英語多読実施後に、本を借りたいという生徒がいた場合への対応です。教室貸出の場合は、担当教諭が専用の貸出用紙に生徒氏名、学籍番号、英語多読本バーコード番号を記載して、その場で返却予定日と、返却は必ず図書館で行うことを伝えます。その後、担当教諭は学校図書館までその用紙を届けます。そして、それを学校図書館員が学校図書館システムに入力することで、貸出管理が可能となります。このような方法がとれると、生徒の簡便さも増して、多くの本が借りられていきます。
　和書と同じように、貸出・返却時に生徒に声かけをすることが、非常に重要です。生徒のモチベーション維持のためにも、ひとこと声をかけてあげましょう。英語多読に夢中になって、どんどん借りに来るような生徒が必ず生まれます。そのような生徒に、励ましたり褒めてあげたり、認めていることを伝える言葉をかけることが大切です。

返本

英語科教諭による返本

　英語多読本はひとりあたりの貸出冊数が多いため、長期休み後は和書も英語多読本も、1日で3段の両面ブックトラックがあふれるほどの返本が数日間続きます。通常授業のときにも、3日で2段ブックトラックが満杯になります。この返本を英語科教諭に担当してもらうだけでも、学校図書館にとっては大きな負担減になります。本校では、英語科教諭が返本担当のシフトを組んで、毎日ひとり以上ずつ来館して返本作業を行っています。返本時に英語多読や、その他の授業についての情報交換をすることもあります。

返本作業の意味

　返本作業は、ただ機械的に本を棚に戻す作業というだけのことではありません。英語科教諭が返本作業を担当することには、学校図書館員の負担減という以上に、大切な意味があります。

　ひとつは、どのような英語多読本がよく動いているのか把握できるということです。特によく動いているシリーズなどについては、それを読んでみることで生徒のレベルや興味関心を知ることにつながります。学校図書館員はカウンターで本の動きを知ることができますが、貸出・返却業務を担当しない英語科教諭は、返本作業をしないと生徒の動きを把握できないままになりかねません。

　返本しているときに、レベルやジャンルに偏りが感じられるときには、学校図書館員に質問してみるとよいでしょう。どの学年にどのような課題が出ているのか、どのような授業を実施したのかということを教えてもらって、学年別の動きを知ることができます。加えて、学校図書館に来館することで、英語科教諭自身の学校図書館に対する敷居が低くなります。顔を合わせる機会が増えた相手と相談がしやすくなるというのは、生徒も教諭も同じです。英語科教諭には、面倒くさがらずに楽しみながら返本作業をしてもらいたいと思います。

読書支援

カウンターでの声かけ

　貸出・返却の項でも述べましたが、カウンターでの声かけは非常に重要です。

　和書でも、貸出のときに、「ああ、この本はおもしろいよね！　楽しんで」とか、返却時に「どうだった？」と感想をたずねることがあると思います。英語多読本もそれと同じです。

　また、和書でも続編を借りようとした生徒には、「これは続きものだけど、前の本は読んだ？」と声をかけるように、英語多読本でも、Nate the Great のようにどこから読んでも大丈夫なものと、Rainbow Magic のように扱われている妖精のシリーズを順番に読んでいかなければならないものがありますので、事前に知識を得ておいて、生徒への注意喚起をする必要があります。

和書との違い

　英語多読への声かけでは、いくつか和書と異なるところもあります。

　特に重要なのは、間違ったレベルの本を借りようとする生徒を止めることです（レベルについては、30 ページ参照）。和書の場合、生徒が難しい本を読もうとしている姿を見て、それを止めることはまずないことだと思います。返却時に「どうだった？」とさりげなく聞いて、実は読めなかった、と言われたときに、「それなら同じような内容で、こういうものもあるよ」とやさしい本を紹介するでしょう。しかし、英語多読本の場合には、たとえば中学 2 年生が非常に高いレベルの本を借りようとしたら、カウンターで「本当に読める？　帰国生？」と確認してください。適当に手にした絵本を何冊も持ってくるような生徒がいたら、「絵本ってけっこう難しいよ。読んでみてダメだったら、すぐにあきらめて別の本を借りにおいで」とアドバイスしましょう。難しい本に手を出して挫折しないよう、貸出時にストップをかけることも重要な支援のひとつです。

生徒の本選びを支援する

　書架の近くで本を探している生徒に、「何年生？　今までちゃんと読めて、おもしろかった本はなに？」と問いかけて、一緒に本を探したり、カウンターでの返却時に、「この本、おもしろかった？　じゃあ、次は○○がいいよ」と勧めてみましょう。声かけを続けていると、生徒のほうから、「このシリーズ全部読み終わっちゃったんだけど、次はなにがお勧めですか？」とか「この本はちょっと難しかった。もっと簡単なのがいいな」とカウンターに寄ってくることもあります。英語科教諭の前では「難しかった」と言えない生徒でも、カウンターでは、「だって、ここの文章、なに言っているか、ぜんぜんわかんないんだもん」「この単語の意味がわからないから、なにがなんだかさっぱりわからなかった」など、かなりあけすけに言うこともあります。そういうひとつひとつの声を拾い上げて、英語科教諭に伝えると、ああ、なるほどそうなんだと、英語科教諭にも新たな気づきがあるようです。

英語多読の継続を見守る

　ひとりではどうしても英語多読が継続できない生徒がいます。しかし、誰かに見守られているなら読めることもあるようです。家庭でのリビング学習と同じです。生徒がそんなことをぽろっと口に出したら、「それなら昼休み（放課後）に10分だけおいで」と誘ってみましょう。本校でも、何人かの生徒がそうやって、昼休みに10分間多読を続けました。カウンター近くの椅子に座って、ただひたすら読むだけですが、何を読んでいるのか、読み終わった後にどんな内容で、おもしろかったのかつまらなかったのかを聞いてくれる人がいるというだけで、ずっと続けられて、英語の成績をぐんと伸ばすことができました。

企画展示

　和書と同じように、展示や掲示などでの読書支援も大切です。POPを作製したり、英語多読本と邦訳された和書とを並べて展示したり、さまざまな工夫ができます。英語多読本にはきょうだいや動物を扱った作品も多いので、きょうだい特集や動物特集の企画もできるでしょう。いずれにしても、生徒が飽きないように、そして目立たない本を手にしてもらえるように工夫することは、和書でも英語多読本でも変わりありません。

予算の確保

　英語多読を実施するうえでもっとも大きな阻害要因は、予算確保かもしれません。ここでは、購入費を確保するためのいくつかの方法をご紹介します。

学校予算からの捻出

　学校教育の一環として実施する英語多読ですので、学校予算から捻出するのは当然と思われるかもしれません。ただし、学校予算をつけてもらうためには、いくつかの条件があると思います。

　ひとつは、英語多読本の管理について、学校図書館排架なのか、英語科研究室や英語多読専用教室排架なのかを明らかにすることです。学校図書館排架の場合には、学校図書館予算に英語多読本購入費を別途増額してもらうことになります。英語多読専用教室排架の場合には、英語科予算の別途増額になりますが、その場合、管理体制について明確化しておかないと、死蔵する危険性があると思われて、予算をつけてもらえないことがあります。

　次に、英語多読の実施体制について、指導計画書を提示できるようにすることです。ひとりの教諭だけ、あるいは学校図書館だけの実施では、生徒に還元できる部分が少ないと思われてしまいます。10数人程度の選択授業のために予算をつけてもらうことは、難しいでしょう。1学年すべて、あるいは全学年、または英語科と学校図書館が協力して実施するのだということを、きちんと示せるだけの体制づくりをしてください。

　学校予算を確保するためには、英語科教諭や学校図書館員だけではなく、学校全体の理解を得ることが必要になってきます。管理職に英語多読の効果について積極的にアピールしましょう。対外的なアピールになることから、広報担当教諭を味方につけることもお勧めです。

学校図書館予算あるいは英語科予算からの捻出

　予算の増額が見込めない場合には、すでにある学校図書館予算あるいは英語科予算から捻出することになります。ただし、この方法では、短期間で本をそろえることは困難です。このような場合は、3年後に開始するくらいのつもりで、長期的にかまえましょう。学校によっては数年に一度、教科や分掌に特別予算がつくことがあるようです。そのような余剰予算を集中的に用いると、短期間で本をそろえることができます。

学年費（教材費）からの捻出

　多くの学校が、副教材や学年で使用する文房具等のために、学年費（教材費）を徴収していると思われます。このような学年費で、各生徒から500円ずつ集金する方法があります。1学年35人×3クラスでは52,500円、3学年が同時に集金すれば157,500円になります。これによって、1年間で200冊弱の本を購入することが可能になります。生徒にしてみれば、約1冊分の費用で200冊読めることになりますので、費用対効果は高い方法だと思われます。

PTA予算からの捻出

　グローバル化といわれ、英語力向上が必須といわれる現代において、多くの保護者は子どもたちの英語力向上に強い関心を持っています。そのため、PTA予算でひとり500円を捻出してもらえば、上記と同額の予算を確保できます。

e-booksを使う

　タブレットやICT教育を導入している学校でしたらe-booksを使う方法があります。学校単位で登録すれば無料で使えるM Readerや、年間ひとり1,500円払えば読めるX Readingなどがあります。どちらも生徒の様子が記録に残るので、教諭側のチェックが簡単だというメリットがあります。無料で読めたり、音源を聞いたりすることのできる多読サイトも増えてきました。積極的に活用できると非常に便利です。

海外書店で購入 ③ 英米以外の英語多読本を買う!

　みなさんは「オーストラリア人の絵本作家」と言われて、何人の名前をあげることができますか?(そもそもオーストラリア人作家の名前が思い浮かびますか?) 日本では英米人作家の本は簡単に入手できますが、オーストラリア人、ニュージーランド人作家の本はなかなか入手できません。北米以外の英語圏に出かけたときには、レア本入手のチャンスです(ジャンルによっては、イギリス人作家、カナダ人作家もそれほど輸入されていないんですよ!)。

　英語多読を始めてずいぶんたってから、Australia Scholastic 社の存在を知りました。 多くのすぐれた児童書を出版している Scholastic 社には、Australia、Toronto など、支社がいくつかあるのです。そしてそこからは、『The Three Kangaroos Gruff』(元ネタは『The Three Billy Goats Gruff(三びきのやぎのがらがらどん)』)、『Goldilocks and the Three Koalas』(元ネタは『Goldilocks and the Three Bears(ゴルディロックスと3匹のクマ)』)、さらにはオーストラリアの伝統菓子 Lamington を主人公にした『The Lamington Man』(元ネタは『The Gingerbread Man(しょうがパンぼうや)』)などというものまで!(すべて Richards, Kel 著)日本でもよく知られている童話のオーストラリア版パロディー作品がいくつも出版されていました。

　もちろん、オーストラリアの絵本がすべてパロディーというわけではなく、書店に行けば、オーストラリアのロングセラー絵本『Possum Magic』(Fox, Mem 著/Harcourt Brace Jovanovich)や、『The Very Itchy Bear』(Bland, Nick 著/Australia Scholastic)のような新しい本も。めずらしくて可愛くて、手に取りたくなるような本がたくさんありました。Fox, Mem は愛らしい子どもの物語を書く童話作家で、複数のイラストレーターと組んでたくさんの本を出しています。邦訳されたものもいくつかあるようです。でもまだニュージーランド人作家の本には出合えていません。いつか、オーストラリア・ニュージーランド英語多読本購入ツアーに出かけることが夢です。 ご一緒にいかがですか?

第3部　英語多読の指導

　中学生でしたら、3年間で英語多読本 50,000 語読了を目標とすれば、たいていの生徒は、楽しみながら読めます。とはいえ、すべての生徒たちに読み続けることの重要性を理解させ、自発的に英語の本を読むような読書習慣を身につけさせるためには、やはりそれなりの工夫が必要です。

　ここからは、「指導」について述べていきたいと思います。

指導原則

指導者も勉強しよう

　英語多読は学習法のひとつであるため、いくつかの約束事があります。有名なものでは、Day, Richard R. と Bamford, Julian（1998）や Nation, Paul と Waring, Rob（2013）、酒井邦秀（2003）の原則があります。日本では特に酒井氏の「1．辞書は引かない　2．わからないところは飛ばす　3．進まなくなったら後まわし」という多読三原則がよく知られています。しかしながら、これらのよく知られる英語多読の原則は、学習者のための原則であることがほとんどです。そのため、学校で英語多読を始めようとするときには、具体的にどのように指導するのかという点で戸惑う英語科教諭も少なくありません。上記で触れた海外研究者には指導原則を書いたものもありますので、英語科教諭にはぜひそれらに目を通してほしいと思います。

　英語多読は精読や文法の指導との組み合わせで実施すると効果的ですが、バランスが大切です。どちらか片方だけではなかなか思ったような結果を出せません。英語多読を実施する目的を定め、授業にどのように取り入れるかを考えるために、まずは自身が勉強をしましょう。

必読参考書

　英語多読はなんとなく方法を知っていれば、できるような気持ちになってしまうものかもしれません。しかし、実際に開始してみると、生徒との関わり方がもたらす違いや、気をつけたほうがよいポイントが見えてきます。英語多読先進国ともいわれる日本には、たくさんの実践報告やマニュアルが出版されています。先人のアドバイスを有効活用することで、最初から効果的な指導方法を取り入れることが可能になることでしょう。

　ここでは、いくつかの参考書を紹介します。英語多読についてもっと知りたいという方は、ぜひこれらの本を手に取って、日々の指導に役立ててほしいと思います。

『英語多読・多聴指導マニュアル』
高瀬敦子著，大修館書店，2010　　　　ISBN 978-4469245530

　中学校・高等学校・大学での指導経験をいかした、英語多読指導マニュアル。図書館内、教室内など、場所の違いによるそれぞれのメリット、デメリットが記されている点に特徴があります。図書館について記された項があることからも、英語科教諭だけではなく、学校図書館員にとっても必読の書だといえます。

『教室で読む英語100万語：多読授業のすすめ』
酒井邦秀・神田みなみ編著，大修館書店，2005
ISBN 978-4469245042

　授業で英語多読を取り入れるときの方法について、理論から実践までを詳細に記してあります。図書館についての記述は少ないですが、英語科教諭が授業の心がまえや全体の流れをつかむためには、非常に役立つ一冊といえます。

『多読指導ガイド』国際多読教育学会
http://erfoundation.org/wordpress/guides/ よりアクセス

　国際多読教育学会による多読指導ガイド。段階的に多読を導入して、実施する方法について記されています。図書館での英語多読について記した部分もあります。日本語版にのみ、英語多読実践者によるアドバイスや具体的な実践例が掲載されており、非常に役に立つガイドブックだといえます。無料で入手できるので、ぜひ読んでください。

『Extensive Reading in the Second Language Classroom』
Day, Richard R. and Bamford, Julian,
Cambridge University Press, 1998
ISBN 978-0521568296

　日本での実践を基盤として書かれたDayとBamfordの英語多読研究書。学術研究としての理論書でありながら、実践について記した部分も多く、役に立ちます。図書館の重要性についても記されており、英語科教諭には目を通しておいてほしい一冊。比較的読みやすい英語なので、ある程度の英語力のある学校図書館員にも読んでほしいと思います。

英語多読の指導

　これらのマニュアルや、わたしたちのこれまでの実践を踏まえて、この本としての英語多読の方法について、簡単に述べてみたいと思います。

学習者にふさわしい本を選ぶ

　生徒がどの本を読むかということはとても重要です。そのため、英語科教諭や学校図書館員には、生徒が自分のレベルにふさわしい本を選べるように支援することが求められます。

　生徒が読む本を選ぶときのポイントとしては、まずは1分間に100語以上読めるものであることが大切です。つまり、500語の本なら5分、1,500語の本なら15分以内に読み終えられる本になります。もし途中で引っかかってしまってそれ以上の時間がかかるようだったら、レベルを落として速く読める本を選ぶように勧めましょう。

　英語の成績がよく、1分間100語以上で読める生徒でも、頭の中で高速和訳をしながら読んでいる場合があります。単語をひとつひとつ英語から日本語に置き換えて、文法を考えながらでも、1分間100語で読めているのです。しかし、それでは本当の意味で英語力が身についたことにはなりません。最初のうちはやさしい本を選ぶように伝えてください。英語多読に慣れていないのに、高いレベルの本を手にしている学習者を止めることも重要です。

学習者の手本となる

　学習者にふさわしい本を紹介するためには、英語科教諭も学校図書館員も、英語多読本をたくさん読んでいることが大切です。英語科教諭の中には、今さらやさしい絵本など読む気になれないという方もいらっしゃるかもしれません。しかし、生徒を指導するためには、有名な絵本、児童書のいくつかは読んでおく必要があります。本書後半の掲載作品は、ぜひ英語科教諭もお読みください。ミステリーが好き、ファンタジーが好きという生徒に、それならこの本がいいのではないか……と勧められること。自分の言葉で楽しさや英語の難易度を伝えることができること。それらは英語多読の

指導においては、大切なことです。

学習者のモチベーション維持に力を入れる

　月に1日、10,000語読む日をつくるよりも、毎日5分、500語ずつ、あるいは毎日10分、1,000語ずつ読むことのほうが効果的です。教諭は課題の出し方を工夫してください。読書記録用紙などで英語科教諭がどれだけ読んだかを確認して励ますことも大切です。また、ときには全員で一斉に本を読む時間をつくったり、互いに本を紹介し合う時間をつくったりして、学習者のモチベーション維持に力を入れてください。

　以上の指導三原則を踏まえたうえで、学習者用の原則を伝えてください。
　指導する側が、英語多読の意義や方法を理解していないと、生徒もなぜ読まねばならないのかがわからず、継続して読み続けることができなくなる場合があります。
　まずは指導者である英語科教諭や学校図書館員が、実際に英語多読に取り組みましょう。

──「ふさわしい本」を読んでいるかどうかを見分ける──

　生徒が頭の中で和訳しているかどうかを見分けるコツとしては、妙に呼吸を空けていたり、ところどころで目を休めながら読んでいるかどうかに注意することです。一文ごと、あるいは段落ごとに和訳しているので、リズムよくうなずきながら読んでいたり、一呼吸空いて目がとまっていることがあります。
　まったく内容を理解することなく、ただ「英語」を「眺めた・見た」だけで満足してページをめくる生徒もいます。これらの生徒は、1,000語の本を3分くらいで読み終えたふりをします（本人はちゃんと読んだ気持ちになっていることもあります）。速く読みすぎているのではないかと思ったとき、内容を理解しているとは思えないような読み方をしているときには、どんな内容だったかをたずねてみてください。これは難度の高いレベルの本に限らず、低いレベルでも起こりうることです。このような生徒たちは、さっきまでさらさらと読んでいた本でも、改めて内容を聞くと、途端に、途中で何度も前のページに戻って読み直すことなどから判断できます。
　いずれにしても生徒の様子をよく観察することが大切です。これは、英語科教諭だけではなく、学校図書館員にも心がけてほしい点です。

学習原則

　学習者に伝える原則としては、わかりやすく覚えやすいという意味で、酒井氏が提唱した「多読三原則」や、日本多読学会の「新・多読三原則」を用いるとよいでしょう。とはいえ、ただ多読三原則を伝えるだけでは誤解が生じることもあります。必ず解説を含めて伝えるようにしましょう。ここでは、多読三原則に本選びを含めたいくつかの要素を加えた五原則を紹介します。

学習五原則

(1) 7〜8割くらい理解できるものを選ぶ
　本を手にして最初の数ページを読んだとき、わからない単語がまったくない、あるいは2、3語程度のものを読みましょう。わからない単語をイラストで補えるような本から始めるのがお勧めです。

(2) 速く読めるものを選ぶ
　1分間100語以上で読めるものを選びましょう。10分間で1,000語読めれば、10日間で10,000語読むことになります。毎日少しずつ読み進められるように、短い章で区切られている本もお勧めです。

(3) 辞書はなるべく引かない
　本を読んでいる間は、辞書は引かずに読み進めましょう。ただし、読み終わった後に気になった単語があったら、辞書を引いて調べましょう。

(4) 隙間時間に読む
　10分休みや昼休み、放課後、夜寝る前など、ちょっとした時間に英語多読の本を読む習慣をつけましょう。週末にまとめて読むよりも、毎日5分でもいいので継続して読むことが大切です。忙しくて読めなかった日は次の日に多めに読むなどして、毎週5,000語以上は読むように心がけましょう。

(5) 適切な支援者を見つける
　ひとりで学習しているとつまらなくなったときに、投げ出してしまうかもしれませ

ん。でも、誰かと一緒にやっていれば乗り越えられることもあるでしょう。読んだ本について話すことのできる相手、新しい本を紹介してくれる人を見つけましょう。同級生でも教諭でもかまいません。

指導のポイント

（1）7～8割くらい理解できるものを選ぶ

　読む本を選ぶことはとても重要です。まったく歯が立たないものは選ばないように伝えます。生徒たちは日本語で読んだことのある本や映画化された本を選びがちですが、そのような場合には、本当に読んでいるのかどうかというチェックもしてください。読んでいないのに読んだふりをする生徒が必ずいます。簡単なレベルのものでも、邦訳されていないものを読んでいる生徒のほうが、英語力がつきます。

（2）速く読めるものを選ぶ

　少しずつでも確実に積み重ねられることを数字で表すことと、生徒自身がそれを自分で実感できるようにすることも大切です。繰り返しになりますが、難しすぎるものを選ばないように伝えることが、とても重要になります。指導側も本選びには時間をかけるようにしてください。

（3）辞書はなるべく引かない

　「辞書を引かない」というのは、「絶対に引いてはいけない」という意味ではありません。特に中高生の場合、20分、30分、あるいは1章、2章という区切りを決めて、ある区切りまできたら、そこまででわからなかった単語、どうしても気になる単語を調べてもよいことにしてください。生徒たちが勝手に日本語訳を想像して、誤解したまま覚え込んでしまうよりも、辞書を引いたほうが安全なこともあります。授業で取り組むときには、最後の5分から10分を辞書引きタイムにしてもよいでしょう。

（4）隙間時間に読む

　週に1度、あるいは月に1度程度、指導者が読書記録用紙を集めるなどして、生徒がどれだけ読んでいるかチェックをしてください。学校図書館の協力が得られる場合には、生徒がちゃんと本を読んでいるかを貸出記録からチェックすることもできます。1日10分読むと、1日1,000語、1週間で7,000語読めるはずです。とはいって

も他教科の課題などもあると思われますので、1週間3,000語、2週間で6,000語程度にしてもよいかもしれません。最低限読むべき語数を決めて、それ以上読んだ生徒にはプラス点をあげるなどすると励みになります。

(5) 適切な支援者を見つける

　読み進めていくうちに、どのタイミングでレベルを上げればよいのか迷ったり、どのシリーズが自分にふさわしいのか迷うことが出てきます。そのようなときには、教諭や学校図書館員がさりげなく指導しましょう。推薦図書を掲載したプリントを配付するなど、本選びに迷っている生徒に声かけをしてください。また、英語多読にはまってどんどん読み進めている生徒が複数いたら、その生徒たちを結びつけてあげましょう。互いに読んだ本を紹介し合う、感想を言い合うことがモチベーション維持につながります。

　英語多読では、自分のレベルに合った本、楽しみながら読める本を選ぶことが欠かせません。そのため、中学生の場合には、教諭が語彙や文法事項を考えながら何冊か本を用意して、その中から生徒に選ばせてもよいでしょう。

　しかし、せっかく学校図書館で実施しているのに、つねに読む本を指定してしまうのはもったいないことです。生徒が自分自身のペースで本を選べることが、学校図書館に英語多読用図書が排架されているメリットのひとつです。また、本校の英語科教諭の中には、間違ってもいいから、自分で本を選ぶことが大切だとする方もいます。間違えた経験を通して、自分自身で本を選べるようになっていくからです。どこから手をつけていいのかさっぱりわかっていないようだったり、あまりにも高いレベルを読みすぎていたりするのでなければ、生徒が時間をかけて本を選ぶ姿をあたたかく見守るのも、学校図書館での英語多読ならではのことです。

　なお、貸出記録の提供に関しては、敏感に扱われなければならない問題ですが、英語多読は学習の側面が大きく、いつ、どのレベルの何語の本を、何冊読んだかというチェックは必須です。そのため、学校図書館員には和書とは別のものとして考えてもらいたいと思います。ちなみに本校では、この学習五原則と30ページのレベル表を「図書館利用案内」に掲載し、オリエンテーションのときに、和書に関しては読んだ本の情報を担任教諭や教科教諭に伝えることはないが、英語多読本に関しては、英語科教諭に情報を提供していると伝えることで、周知を図っています。

指導のタイミング

　先のページで述べた、英語多読の原則は、いつごろ生徒に伝えたらよいのでしょうか？

　まずは、各学年の4月に、学校図書館内で伝えてください。学校図書館で読むのではなく、教室で読むことが中心になるとしても、学校図書館内での説明をお勧めします。学校図書館利用指導と同時に実施してもよいでしょう。本校のように、「図書館利用案内」の中に、英語多読に関するページを設けるのもひとつの手段です。中学生の場合には、中学1年生の4月ではなく、3学期の初めなど、英語多読の開始時期に実施しましょう。

　残念ながら、生徒はオリエンテーションでの話など、あっという間に忘れてしまうものです。そこで、折に触れて、「1分間100語で読める本を選ぶんだよ」「辞書はなるべく引かないようにね」と伝えていくことも重要です。また、「継続していれば絶対に力になるよ」「過去に英語多読をがんばって、英検2級に合格した人がいるよ」など、さまざまな情報を与えることも効果的です。学期に1、2度、5〜10分程度、全員の前で本の紹介をするついでに、継続のためのコツを伝えるとよいでしょう。

　高校生の中には、「英語多読をする意味について教えてほしい」「英語多読の意義について知りたい」と口にする生徒がいます。理屈っぽいせりふにも思えますが、このような生徒は、いったん英語多読のよさを理解すると、誰よりも積極的に取り組むようになります。ただやみくもに読むことを勧めるだけでは、このような生徒は生まれません。いずれにしても、早い段階で、英語多読本の排架場所や、貸出冊数・期間とともに、自分のレベルに合った本の選び方、英語多読を継続するコツなどを身につけさせるように工夫しましょう。

　本校では、これらの指導は司書教諭と英語科教諭の両方が担当しています。ベテラン教諭のときには英語科教諭が指導しますし、英語多読に慣れていない新任教諭のときには司書教諭が指導します。そして、その後も、授業中に英語科教諭が、休み時間や放課後には司書教諭が、折に触れて、全体や個別の指導を行います。このような連携こそが、英語多読を継続させるカギとなります。

英語の授業に多読の導入

　では、各学年、どのような英語多読本を読むように勧めていけばよいのでしょうか。まずは、そもそもの英語多読導入において、英語科教諭が考えなければならない課題とその解決法を述べた後、生徒にふさわしいレベルの本や授業の実践方法について、具体的に紹介します。

英語多読に賛成してくれる仲間を見つけよう

　20ページでも述べたように、英語科教諭が英語多読に反対する理由はいくつか考えられます。まず、今までの指導で結果を出しているベテラン教諭は、今さら指導法を変える必要性を感じません。英語多読にはどうしても初期導入費用がかかりますので、金銭的な面で反対する人もいるでしょう。単語を暗記したり作文を書かせたりするうえに、さらに課題を増やすのかという意見や、試験や評価への疑問を述べる人もいます。あるいは、授業中、生徒が本を読んでいる間、教諭は何をすべきなのか、ただそこにいるだけなら英語科教諭である必要はないのではないかという意見もあります。進学校では、受験指導が優先される中で、入試に対応していない英語多読をする必要はないという反対意見もあるようです。

　これらすべてを解決してからでないと導入できないわけではありません。しかし、ひとりで実施するのには、多くの困難が伴います。まずは学校の中で協力者を見つけましょう。英語多読導入には、教科内での理解と協力が必要です。

　教科内の理解を得るためには、自身が授業に取り入れるだけでは足りません。誰かがやるのなら反対はしないが自分はやらない、という教諭もいるからです。実践をしつつ、できる範囲で英語多読の効果を伝えたり、研修会の案内をしたりと、広報活動や啓蒙活動をする必要があります。

　英語多読の効果を書いてある本や論文、Web サイトもたくさんあります。教諭が興味を持ちそうなポイントを見つけて、紹介しましょう。たとえば、単語を増やす方法や文法力を強化する方法、あるいはリスニングのスコアを上げる方法など、いろいろな角度から研究がされているので、ひとつずつ紹介してみることも大切です。

仮に、問題集をたくさん解いていた生徒と、同程度の時間、英語多読をした生徒の出したTOEICのスコアが同じだとします。問題集と英語多読が同じなら、わざわざ新しいことに取り組まずとも、従来どおり問題集をすればいいではないか、という意見もあるかもしれません。しかし、英語多読には問題集にはない利点や効果があります。もし学校図書館に英語多読本があれば、生徒は問題集代を負担しなくても、学校にある本を読むだけでよいのです。苦労して机に向かう必要もありません。また、本校生徒のTOEICスコアの結果からは、英語多読によってリスニング力がつくこともわかりました。問題集を解くだけでは身につかない力です。本を読むことで、文化的背景の知識を得ることもできます。このような効果が得られることを紹介すれば、英語多読に懐疑的だった教諭も、心を動かされるのではないでしょうか。生徒が成果を出すのには時間がかかりますが、成果が出れば、積極的に考えてくれるようになる教諭もいます。

　紹介の仕方にも工夫をしましょう。たとえば、教科会議内で数分程度、生徒が作成した英語多読のチラシを見てもらったり、それについて説明するなどの方法が考えられます。1学年を複数の教諭で担当しているときには、一緒に実施してみるのもいいでしょう。生徒の成績の伸びを英語科通信などで伝えることも大切です。上記ひとつだけでもいいですし、全部やれそうでしたら、この際全部やってみましょう。英語多読のチラシ作製については90ページに詳しく紹介しますが、生徒の生の反応を伝えられます。教諭は自分が教えたいことだけを教えるのではなく、生徒の反応や様子を見て指導に工夫をする必要があるのですから、生徒の声を知ることができるのは貴重なことです。あわせて、英語科通信などの印刷物は、他教科教諭、学年担当教諭、保護者にも英語多読の取り組みを伝えることができます。管理職、広報担当教諭、保護者を味方につけましょう。

1年生から始めよう

　英語多読の授業を週に1時間設けている学校もありますが、よほど周囲の理解がないと、英語多読をカリキュラム化することは困難です。英語多読は細く長く続けられる活動にしましょう。そのためには1年生からスタートすることで、3年間あるいは6年間の時間が確保できます。

　英語多読の大半は授業外でやってもらうのですが、継続するためには、英語科教諭の指導と学校図書館員の支援が重要となります。英語多読は授業の一部に取り入れることが可能です。たとえば、帯活動として毎時間あるいは週に1回程度、10分間の

英語多読を取り入れたり、教科書の各レッスンが終わるたびに 1 時間だけ入れるなどです。実践については 72 ページ以降に書いてありますので、参考にしてください。英語多読を授業に少しだけ入れるのでしたら、年間授業計画に大きな影響を与えることなく、生徒が英語多読本に触れる時間をつくることができます。英語科教諭は、指導内容を学校図書館員と共有するよう心がけてください。学校図書館員にも協力してもらって、授業外での継続についても力を入れましょう。

年間計画を立てよう

　英語多読を生徒に指導する際には、どのように導入するかということが重要です。たくさんの英語多読本を前に、好きなものをどうぞ、と言われても、生徒も困ってしまいます。導入の方法を間違えると、かえって英語多読嫌いをつくる可能性があります。生徒には英語多読の実施方法、効果、読むための本の選び方、年間計画や評価方法（英語多読を成績に入れるのでしたら）を最初にしっかり伝えましょう。

　まずは、3 年間の目標、1 年間の目標を伝えましょう。それから学期ごとの目標を伝え、実際の授業時間数などと照らし合わせて月間の目標あるいは週の目標を伝えましょう。単純に 365 日で割った目標を伝えるよりは、「今月は定期考査があるので、前後でたくさん読むようにして月間目標を達成しましょう」や「祝日と合わせると 3 日間の時間ができるので、2,500 語の本を 2 冊読んでみましょう」という具体的なアドバイスをするようにして、年間目標が達成できるようにしましょう。

生徒に適切なアドバイスをしよう

　しばらくすると、英語多読に飽きてくる生徒もいます。成果が出るまでにしばらく時間がかかりますので、テストの結果がよくなるわけではないと、やらなくなる生徒もいます。何につまずいたのかを把握し、適切なアドバイスをしましょう。そのためには、生徒の様子をちゃんと把握しておく必要があります。

　たとえば、レベルを早く上げすぎた場合。これは校内テストや外部テストの結果に振り回されているためだということがよくあります。小テストでは毎回満点の自分が、いつまでもみんなと同じレベルの本を読んでいるわけにはいかない、と思ったのかもしれません。定期考査でよくできたから、レベルを上げてみようと思ったのかもしれません。しかし、それらのテスト結果と英語多読本を読む力は、違うのです。プライドを傷つけないように、急激にレベルを上げる必要はないと伝えましょう。ほかにも、

56

興味をひく本を選んでいなかった場合があります。和書ではどのようなジャンルの本をよく読むのかを聞いて、同じジャンルの本を紹介しましょう。気に入ったシリーズに出合えると、読む量が自然と増えます。モチベーションが下がってしまったという場合には、どうしてやる気がなくなってしまったのか聞いてみましょう。すぐに効果が感じられないから、やっていても意味がないと思ったのであれば、少し先のこと、たとえば次回の英検を目標としてはどうか、など提案しましょう。英語多読では勉強している感じがしないという生徒には、家でできる活動と組み合わせる提案をしてください。たとえば、今読んでいる本を音読してみたり、CDなどの音声データがあるものについては、一部をディクテーション（音声を聞きながら英文を書き取る活動）をしてみるといったものです。

　適切なアドバイスの仕方については、マニュアルはありません。生徒の年齢、性格、英語力、放課後に確保できる時間の量などで、与えるべきアドバイスはまったく異なります。生徒ひとりひとりの状況をよく聞き取って、安心させるとともに、励ましましょう。40ページの読書支援の項にも記してありますが、学校図書館員は読書支援に関する知識を持ち、訓練を受けています。どうアドバイスすべきかわからないという英語科教諭は、学校図書館員にぜひ相談してください。

　次に読むための本をアドバイスをするには、教諭自身が生徒の読んでいる本、読むとよい本についてたくさん知っていることが何よりも重要です。授業中に生徒と一緒に読む、通勤時間のときに読むなど、毎日少しずつ読むための時間をとって、所蔵している英語多読本について、自分自身がよく知ることが、第一歩です。生徒は英語の授業を1日に1時間しか受けませんが、教諭は、1日に3時間の授業なら3冊は読めることになります。生徒より速く読めるはずですから、通勤時間を利用すれば、さらに読めます。このように積極的に読んで、それぞれの本について知るようになれば、よりよいアドバイスができます。なお、気をつける点としては、教諭は自分の好きなジャンルだけでなく、あらゆるレベルの、あらゆるジャンルの本を読むことです。自分とは違う好みを持っている生徒にもアドバイスできるように、レベルやジャンルを問わず、手あたり次第に読んでみましょう。

お勧めの本①　〜中学1年生〜

　小学校で英語の授業を受けている生徒が増えたため、アルファベットの学習やあいさつ、数字、曜日や月を知っている生徒もずいぶん増えました。しかし、出身小学校による差は大きく、英語に対する知識が大きく違う生徒が混ざった状態で、中学1年生の授業は始まります。そんなときに英語多読本を使って導入すれば、レベルの違った生徒たちの誰もが楽しめる授業になります。

　教科書は3年間で主な文法項目を扱います。英語多読はその進度に合わせて本を選ぶほうが効果があります。既習項目が含まれた英文のある英語多読本に触れると、実際にどのように使われているか気づくこともできます。

　英語の授業が週3時間で、定期考査まで6週間あるとすれば、授業時間数は18時間ほどです。その間に教科書2レッスンを扱い、その単語テストを実施するなどすれば、英語多読に充てられる時間は2〜4時間となります。中学1年生では、50分の授業でずっと本を静かに読むことは困難です。ひとつは、既習の語彙や文法が少なすぎて、読める本が限られるためです。もうひとつは、集中力が続かないからです。そのうえ、英語多読は基本的には個人でやるものなので、1冊5分で読むとすると、ひとりの生徒に10冊の本が必要になります。それほどたくさんの本を用意することは、容易なことではありません。

　現行カリキュラムに英語多読を取り入れる目安としては、1レッスンに右ページ掲載レベルの本を1〜2冊、1か月に2〜4冊、あるいは定期考査ごとに3〜5冊程度でスタートするのが現実的です。

　中学1年生のうちは単語を自力で発音できないことが多いので、1年間読み聞かせを中心に取り入れるのがお勧めです。CDの音声がクラスの英語力や雰囲気に合ったスピードであれば、CDを活用できますが、教諭が読み聞かせをすると、生徒に合ったスピードで読んだり、やりとりをしながら読んだりすることで、興味をひきつけることができます。また、クラス人数分の本が買えるようでしたら、授業中に配付して、音読を聴きながら、ページをめくって読むのもいいでしょう。自分で読んだような気分になり、自力で読み進める自信になります。授業が終わる前に本を回収すれば、紛失を防止できます。読んだ後に同じレベルの本やシリーズを紹介すると、生徒は図書館で借りることができます。本はなるべく借りさせましょう。紛失防止などの理由で教室内や学校内に限定して読むスタイルをとる学校が多いのですが、本は好きなときに好きな場所で読むのも大切なことです。継続させるためには、授業を通じて促すのがいちばん効果的だと思います。

Numbers, Numbers Everywhere

作者	Northcott, Richard
出版社	Oxford University Press
出版年	2005
ページ	25
ISBN	978-0194400985
語数	150
学習内容	時間

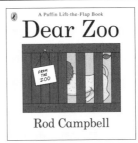

Dear Zoo

作者	Campbell, Rod
出版社	Puffin Books
出版年	1982
ページ	32
ISBN	978-0140504460
語数	115
学習内容	形容詞

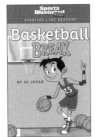

Basketball Break

作者	Joven, CC
出版社	Stone Arch Books
出版年	2017
ページ	31
ISBN	978-1496542601
語数	126
学習内容	一般動詞（現在形）

The Happy Day

作者	Krauss, Ruth
出版社	HarperCollins
出版年	1949
ページ	28
ISBN	978-0064431910
語数	132
学習内容	一般動詞

Is It?

作者	Hunt, Roderick
出版社	Oxford University Press
出版年	2006
ページ	8
ISBN	978-0198480549
語数	25
学習内容	be動詞

How Many Feet? How Many Tails?

作者	Burns, Marilyn
出版社	Scholastic
出版年	1996
ページ	24
ISBN	978-0590673600
語数	462
学習内容	名詞の複数形

学習内容は教科書の出版社が出している文法項目にしたがって表示してあります。ただし、時計の読み方などは文法項目ではないので、表記を「学習内容」としてあります。参考にしてください。

お勧めの本②　〜中学2年生〜

　過去形を学習するので、読める本がぐっと増えます。1学期は読み聞かせを続け、そこから少しずつ、各自で読む活動を増やしていきます。ひとりでは読めない語もたくさんありますので、生徒がそれぞれ音声を聞きながら読むことをお勧めします。音声は付属CDが販売されていたり、出版社のホームページからダウンロードできるものが多くあります。アメリカで出版された本は朗読音声が用意されていることが多くありますが、英語学習者向けに音声が用意されているとは限りません。スピードが速いものもありますので、教諭は選書の際に音声のスピードも確認するとよいでしょう。日本の教科書は、英文も音声もアメリカ英語を標準にして用意されていますが、ORTシリーズは、1枚のCDにアメリカ英語とイギリス英語で収録されています。これをきっかけにイギリス英語を聞いてみることも、後々の英語学習に役立つはずです。

　授業においては、中学1年次に引き続き、教諭が授業内での活動を行うことが必要です。授業外において自分だけで英語多読を続けられるほどの英語力がついていないからです。また、日本語での読書習慣があまり十分でない生徒もいます。読書課題を出す傍ら、楽しく継続できるように、教室内でも英語多読本に触れる機会をたくさん持ちましょう。

　課題の出し方ですが、1か月で2,000語、長期休みは3,000語など、緩やかに目標を設定しておくと、どの生徒も取り組みやすくなります。読む時間を確保してあげると、さらに継続しやすくなります。授業時間の10分を英語多読に充てる方法（77ページ参照）が有効です。毎時間実施できれば、週に30分、平均3,000語を読むことになります。10分間英語多読は、生徒の様子を直接見ることができる貴重な時間です。集中できない生徒や楽しめていない生徒に、アドバイスを与えられる機会でもあります。10分程度なら、指導計画にもそれほど大きな変更は必要ないので、取り入れやすいはずです。このときには、教諭が生徒ひとりあたり4〜5冊程度の本を選んで、教室内に持っていき、それを読ませるようにしてください。先生が選んだ本より、自分で学校図書館から選んだ本を読みたいという生徒もいますが、自分ではどんな本を読んだらいいのかわからない生徒もいるからです。シリーズのうちの1冊を持っていくことで、続きは学校図書館から借りて自分で読むようにと促すこともできます。

Wonderful Wild Animals

作者	Kenshole, Fiona
出版社	Oxford University Press
出版年	2005
ページ	26
ISBN	978-0194401043
語数	655
学習内容	be 動詞の過去形

The Princess and the Pea

作者	Ziefert, Harriet
出版社	Penguin
出版年	1996
ページ	32
ISBN	978-0613873215
語数	300
学習内容	感嘆文

Don't Throw It Away!

作者	Lishak, Antony
出版社	Longman
出版年	2001
ページ	24
ISBN	978-0582422810
語数	90
学習内容	Don't 〜 禁止

There is a Bird on Your Head!

作者	Willems, Mo
出版社	Walker Books
出版年	2012
ページ	64
ISBN	978-1406348248
語数	228
学習内容	There is (are) 〜.

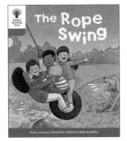

The Rope Swing

作者	Hunt, Roderick
出版社	Oxford University Press
出版年	1986
ページ	16
ISBN	978-0198481751
語数	77
学習内容	一般動詞の過去形

Bears in the Night

作者	Berenstain, Stan and Jan
出版社	HarperCollins
出版年	1981
ページ	32
ISBN	978-0001712713
語数	109
学習内容	前置詞

お勧めの本③　〜中学3年生〜

　うっかり絵本を手にするような生徒がいなくなります。一見やさしいように思えるのですが、そもそも絵本は、大人が文字も読めない子どもに読み聞かせするのが前提になっています。子どもはわからない言葉について大人の声色や雰囲気から理解することもできますし、その場で意味を聞くこともできます。そのため使用語彙や文法については何もコントロールされていないので、英語学習者には読みにくいことがよくあります。しかし、内容は幼児向けであるため、ストーリーとしては、中学3年生が読むにはあまり興味をそそらないこともあります。中学3年生になると、そのあたりのこともよくわかってきて、きちんと自分に合った本が選べます。2年間英語多読本に触れてきていて、主要な文法項目は学習したので、質のよいGRに移行すると、授業時間外でも自分で読んで本を楽しむことができます。「英語多読」のうちはまだ学習の一環ですので、生徒にかかる負荷が大きすぎず、すらすら読める本を勧めることが大切です。この活動を通じて将来「英語読書」を楽しめる生徒を育てましょう。また、中学3年生にもなると学力やモチベーションの差は大きくなり始めます。生徒ひとりひとりの学力や興味関心を見極めて、多様なレベル、ジャンルの本を用意すると、より効果的に取り組めます。月に1度、あるいは学期に1度程度、学校図書館内で英語多読をすることがお勧めです。

　本校生徒の場合、中学2年次に50,000語以上を読み、中学3年終了時点で100,000語以上を読んだ生徒が何人もいます。指導側の目標以上に読む生徒がいるのは、読書という行為そのものが魅力的だからでしょう。登場人物と一緒に不思議な世界を旅したり、新しい知識を身につけたり、いつしか「英語を学ぶ」のではなく、読書そのものを楽しむようになった生徒も多くいます。

　とはいえ、そもそも日本語で本を読むのも嫌いだという生徒は、このあたりから、英語多読に関してもつまずき始めるのも事実です。理解できない文章が並んだ語数の多い本を、みずから積極的に読むというモチベーションは起きません。こういう生徒に関しては、学校図書館員と協力して、昼休みに呼び集めて10分間読書をさせたり、その生徒が出してきた読書記録が本当に正しいものなのか貸出をチェックしたりして、こまめに目をかけてあげることが大切です。ひとりでは読めなくても、誰かが見ていてくれる前では読める生徒もいます（41ページ参照）。ある程度の長さのある本は、章ごとに確認するなどしてあげましょう。ここでの指導側のひと手間が、生徒の背中を押すことにつながります。

Toilets Through Time

作者	Adey, Ken
出版社	Longman
出版年	2003
ページ	24
ISBN	978-0582817708
語数	260
学習内容	受動態

The Fat Cat Sat on the Mat

作者	Karlin, Nurit
出版社	HarperCollins
出版年	1996
ページ	32
ISBN	978-0064442466
語数	551
学習内容	命令文

Today is Monday

作者	Carle, Eric
出版社	Puffin Books
出版年	1997
ページ	32
ISBN	978-0698115637
語数	83
学習内容	曜日・食べ物・色

Olivia Counts

作者	Falconer, Ian
出版社	Simon & Schuster Books
出版年	2002
ページ	12
ISBN	978-0689836732
語数	22
学習内容	数字

Thumbelina

作者	N/A
出版社	Ladybird Books
出版年	1998
ページ	43
ISBN	978-0721419565
語数	500
学習内容	関係代名詞

Mr. Putter & Tabby Catch the Cold

作者	Rylant, Cynthia
出版社	HMM Books
出版年	2002
ページ	44
ISBN	978-0152047603
語数	692
学習内容	病状についてたずねる

お勧めの本④　〜高校１年生〜

　中学から継続的に続ける生徒と、高校入学から始める生徒では、１学期に読む本の種類が違います。中学で英語多読を十分に経験してきた生徒は、これからも少しずつレベルアップを図っていくといいのですが、高校からスタートする生徒には英語多読に慣れる期間が必要です。

　高校からスタートする生徒は、中学１年生と同じものを読むわけではありません。高校１年生が『はらぺこあおむし』を読む必要はそれほどありませんし、楽しんで読むとは限りません。高校生としてのプライドもありますので、絵本でスタートするより、GR あるいは LR からスタートするほうがスムーズに導入できます。特に、GR は大人も視野に入れて書かれている本が多いので、英文はやさしくてもストーリーは大人向けというものものがたくさんあります。１学期中は 1,000 語程度のものをどんどん読んでいって冊数を稼ぎ、達成感を得ることで、継続したいという気持ちを持たせましょう。

　本校では、１学期間の間に、中学から始めていた生徒にも、高校から始めた生徒にも、GR を積極的に読ませています。ただし、高校から始めた生徒には、「疲れちゃったときには LR をまじえて、中学から始めている生徒より、ほんのちょっと多めに読むこと」とも伝えています。

　このように、１学期間に積極的に取り組むことで、２学期からは、中学から読んでいた生徒と同じように読めるようになります。

　高校１年生で重要なのは、英文のレベルを上げることだけではなく、reading stamina をつけることです。Reading stamina とは、語数の多い本、長い本をじっくり読むことのできる力のことです。高校１年生のときに十分な reading stamina をつけておくと、高校３年間、楽しく英語多読を続けることができます。

　本が分厚くなっていくと英文の難易度も上がってきますし、語彙も見たことのないものに遭遇する可能性が高くなります。しかし、一方で、本の内容が充実し、物語に深みが出てきます。海外への語学研修に出かける生徒も増えていますので、異文化理解に関する本などを英語で読んでみるのもいいでしょう。教諭は、生徒が急いでレベルアップしていくのをやんわり止め、その生徒が今まで通りすらすらと読める本を勧めながらも、やさしく読める長めの本を積極的に勧めていきましょう。5,000 〜 10,000 語程度の本を苦もなく読めるようになったら、大成功です。

"Slowly, Slowly, Slowly," said the Sloth

作者	Carle, Eric
出版社	Puffin Books
出版年	2002
ページ	32
ISBN	978-0142408476
語数	219
学習テーマ	地球環境

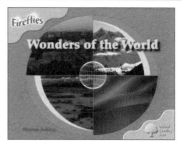

Wonders of the World

作者	Ashley, Moana
出版社	Oxford University Press
出版年	2003
ページ	24
ISBN	978-0198472902
語数	600
学習テーマ	異文化理解

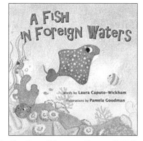

A Fish in Foreign Waters

作者	Caputo-Wickham, Laura
出版社	Long Bridge Publishing
出版年	2015
ページ	28
ISBN	978-1938712197
語数	309
学習テーマ	母語

Celebrating Black History

作者	Lloyd, Errol
出版社	Oxford University Press
出版年	2007
ページ	24
ISBN	978-0198461258
語数	3,050
学習テーマ	人権

All About Space

作者	Raynham, Alex
出版社	Oxford University Press
出版年	2010
ページ	56
ISBN	978-0194645607
語数	3,820
学習テーマ	宇宙・宇宙工学

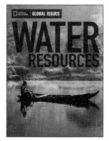

Water Resources

作者	Milson, Andrew J.
出版社	National Geographic
出版年	2014
ページ	32
ISBN	978-0736297493
語数	1,683
学習テーマ	環境問題

高校の検定教科書はテーマ別にレッスン内容が提示されており、扱う英文の中から文法項目を拾ってレッスンの学習内容としています。ここでは、その学習テーマに沿った本を選びました。

お勧めの本⑤　〜高校2年生〜

　中学からスタートしている生徒にとっては5年目です。さまざまな本を読んだ経験があります。また、授業で使っている教科書は、英文の難度がずいぶん上がっているはずです。加えて高校生として、歴史や経済の勉強もしていますし、ある程度の知識が身につき、興味関心も広くなってきているはずです。そろそろいろいろなジャンルの本を読むことができます。伝記、自然科学、社会科学など、幅広いテーマの本を手にするような指導をしてください。

　授業中に英語多読を実施することが難しかったとしても、精読や語彙指導などを通じて、英語多読本に触れる機会を設けて、計画的に英語多読の継続を支援する活動を取り入れましょう。

　たとえば、「お気に入りの一冊」（86ページ参照）のような活動では、クラスメートが読んだ本について聞くことで、今まで興味がなかった本について知ることができます。この活動を行う際には、クラス内で同じ本を選ばないように、生徒が本を選ぶ段階でアドバイスを与えるとバリエーションに富んだ発表を聞くことができます。生徒の読書の様子をよく知っている学校図書館員に相談することをお勧めします。生徒がどのような分野に興味関心を持っているのか、他教科ではどのような授業を行っているのか、学校図書館にはさまざまな情報が集約されています。

　高校でスタートした生徒は2年目に突入です。ほとんどの生徒は、中学から開始した生徒と同レベルの英語多読本が読めるようになっているはずです。中学では基礎的な文法を学習しながらの英語多読ですが、高校では基本を学習した状態でスタートしたからです。しかし、中にはどうしてもコツがつかめずに足踏みしている生徒がいます。このように足踏みしてしまうのはおそらく、絶対的な読書量に欠けるせいなのです。読書量がないのに、急に難易度の高い本に飛びつくと挫折します。もう一度、やさしい本から始めるように声をかけ、少しずつステップアップするように導いてあげてください。授業中だとほかの生徒の手前、自分の能力以上のレベルの本に手を出してしまう生徒もいます。昼休みや放課後に約束をして、その生徒に合った本を探してあげたり、学校図書館員と協力して、個別に対応したりすることが重要になってきます。

　どの学年においてもそうですが、生徒の様子をよく見て、興味関心のあるジャンルの本で、すらすら読めるものを勧めましょう。

Badger's Parting Gifts
作者	Varley, Susan
出版社	HarperCollins
出版年	1992
ページ	32
ISBN	978-0688115180
語数	756
学習テーマ	人生哲学

Picasso
作者	Venezia, Mike
出版社	Children's Press
出版年	1998
ページ	32
ISBN	978-0516422718
語数	1,120
学習テーマ	芸術

I Survived the San Francisco Earthquake, 1906
作者	Tarshis, Lauren
出版社	Scholastic
出版年	2012
ページ	88
ISBN	978-0545206990
語数	11,000
学習テーマ	自然災害

World Wonders
作者	Newbolt, Barnaby
出版社	Oxford University Press
出版年	2011
ページ	56
ISBN	978-0194237765
語数	6,738
学習テーマ	世界の不思議な人工物

Who Was Rosa Parks?
作者	McDonough, Yona Zeldis
出版社	Penguin Workshop
出版年	2010
ページ	112
ISBN	978-0448454429
語数	8,001
学習テーマ	ヒーロー

Not Mines, But Flowers
作者	Yanase, Fusako
出版社	自由国民社
出版年	1998
ページ	41
ISBN	978-4426877002
語数	382
学習テーマ	地雷

お勧めの本⑥　〜高校３年生〜

　ここまで真面目に読んできた生徒は驚くほどの英語力がついてきたはずです。どんどん読めるという生徒には、人気の YA 本を中心に、ある程度の長さがあって読み応えのある本を勧めてみましょう。十分な reading stamina を身につけ、異文化にも興味を持った生徒は、多種多様な本にどんどん手を出していきます。こうなったら、もう「英語多読」ではなく「英語での読書」ですから、教諭は生徒が自由に読書する様子を見守るだけでかまいません。

　一方で、字だけを追って、内容をほとんど理解していない生徒や、実は頭の中で高速和訳しながら読んでいた生徒は、たくさん読んでいるはずなのに思ったほどの成果が感じられず、継続する気持ちを失ってしまっていることもあります。どのように英文を読んできたのか、理解はどの程度なのかを細かく聞いて、必要であれば少しレベルを下げて読むように勧めましょう。教科書の英文は長いものになり、語彙も難易度の高いものが多くなっていますので、難しい英文は教科書にまかせて、英語多読をする際は、気楽に読み進められるものでもよいことを伝えましょう。

　本校に在籍していたある高校３年生は、１年間、300 語〜 500 語程度の、非常にやさしいレベルの本ばかり読んで、半年で TOEIC のスコアを 310 点から 560 点まで上げることができました。ときどき 1,000 語以上の本も読んでいましたが、基本的には３分から５分ほどで読み終えてしまうような本を選び、それを毎日３冊ほど読んでいただけです。じっくりと長い本を読むような reading stamina はつけていなかったので、3,000 語以上の本はわずかでした。しかし、継続して読み続けた結果、55 語／分が 73 語／分で読めるようになって、TOEIC のスコアを向上させることができたのです。このように、やさしいものを毎日読むだけでもいいのです。何より重要なことは、継続することです。

　また、授業で少し違った読書方法も紹介していくと、モチベーションが維持できます。お勧めは英語多読の仕上げとして、グループ・リーディング用の本を選び、一緒に読み進める活動です（79 ページ参照）。精読と多読の要素を両方取り入れつつ、ディスカッションをすることもできます。ひとりで読むものよりも少し長い（厚い）本を１冊読み終えることで、達成感を味わうことができますし、グループで同じ本を読むので、くじけそうになったときに、生徒同士励まし合って続けることができます。

Tuesdays with Morrie
作者	Albom, Mitch
出版社	Broadway Books
出版年	1997
ページ	978-0767905923
ISBN	192
語数	34,894
学習テーマ	人生哲学

The Color Purple
作者	Walker, Alice
出版社	Mariner Books
出版年	2006
ページ	978-0156031820
ISBN	304
語数	66,556
学習テーマ	女性の自立

Long Walk to Freedom
作者	Mandela, Nelson
出版社	Macmillan
出版年	1994
ページ	978-1919762876
ISBN	656
語数	164,000
学習テーマ	自由と平和

Simon vs. the Homo Sapiens Agenda
作者	Albertalli, Becky
出版社	Balzer + Bray
出版年	2015
ページ	978-0062792167
ISBN	336
語数	60,965
学習テーマ	性的マイノリティー

Wonder
作者	Palacio, R. J.
出版社	Corgi
出版年	2013
ページ	978-0552565974
ISBN	320
語数	73,053
学習テーマ	他者への理解

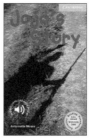
Jojo's Story
作者	Moses, Antoinette
出版社	Cambridge University Press
出版年	2000
ページ	978-0521797542
ISBN	47
語数	9,280
学習テーマ	少年兵

授業でできる実践例

　ここからは、中学、高校の授業内にできる英語多読の実践について具体的に紹介します。

アクティビティーの重要性

　目の前に本を置いただけで本を手にして読む生徒がいたら、その生徒はよほどの本好きか、読書の習慣が形成されているといえるでしょう。読むふりをしてぱらぱらページをめくるだけだったり、表紙を触ったりするだけで終わってしまう生徒がほとんどです。目をそらして、まったく見ることも触ることもしない生徒がいてもおかしくありません。生徒が自発的、継続的に読むようになるまでには時間がかかります。読書の魅力を知っている生徒は英語多読にも積極的に取り組みますが、そもそも日本語でも本を読むことは苦手だと感じている生徒は、本を手にすることさえ嫌がることがあるからです。
　英語科教諭は、授業内に生徒が読み続けられるように、きちんとした読書指導をする必要があります。たとえば、どのように読み進めればよいのかというロードマップを事前に示したり、読書記録ノートを渡して、週にどれくらいの本を読めばいいのかという目安を示したりして課題チェックをします。また、教室では生徒の年齢や英語多読経験、好みを踏まえ、さまざまなアクティビティーを用意して、モチベーション維持につとめましょう。いくつかのアクティビティーは、学校図書館や国語科の授業で和書を用いて行われてきたものによく似ています。実施の際には、学校図書館員や他教科教諭に相談してみてもよいでしょう。また、グループでの活動は学校図書館で実施したほうがよい場合があります。たいていの学校図書館では、グループ学習ができるような机の配置になっていますし、学校図書館で実施することで、学校図書館員の支援を受けることもできます。教室とは雰囲気の違う場所で実施することで、生徒の気分が盛り上がって、積極的に取り組むこともあります。ペアワークやグループワークの際には、学校図書館利用についても考えてみてください。

参考書

　ここでは、英語多読に関するアクティビティーが多く掲載されている参考書を紹介します。主に大学生の授業向けに書かれていますが、中学生や高校生の授業でも実践できるものもあります。47ページで紹介した参考図書にも、英語多読に関するアクティビティーが記載されていますので、そちらも参考にしてください。

『New Ways in Teaching Reading 2nd Revised』
Day, Richard R.
TESOL International Association, 2012
ISBN 978-1931185745

　英語多読を実践している世界中の教諭が寄せたアクティビティーの例を紹介しています。

『Extensive Reading Activities for Teaching Language』
Bamford, Julian and Day, Richard R.
Cambridge Handbooks for Language Teachers, 2004
ISBN 978-0521016513

　こちらも授業で実践できる多読に関するアクティビティーが紹介されています。上記の本と同じように、世界中の教員が考案したアイデアをまとめてあります。

『多読で学ぶ英語　　楽しいリーディングへの招待』
リチャード・R. デイ、ジュリアン・バンフォード共著
桝井幹生 監修　川畑彰ほか訳　松柏社, 2006
ISBN 978-4775401071

　上記の本の日本語版です。

生徒の読書時間を確保するための活動

　実際に読む時間を確保し、生徒が英語多読へのモチベーションを維持するようにすることがいちばんの目的です。読むスタイルに変化を持たせることで、集中して読めるようにします。

読書記録ノート（ブックレポートやブックログ）をつける

＊レポートは本の紹介文も書く記録で、ログは書誌情報と簡単なコメントだけを記録するものです。

準備
　記録がつけられるような冊子を人数分購入しておくか、独自に読書記録用紙を作成して、印刷しておきます。通年で使用する小冊子にすると紛失を防ぐことができます。

手順
① 　1冊読み終えたら、読書記録をつけるように指示します。
② 　レポートやログの提出日とそれまでに読み終えるべき語数を指定しておきます。

指導のポイント
・教師はチェックをしたら、簡単なフィードバックをしましょう。激励コメントや次のお勧め本紹介などを書き込むと、生徒のモチベーションアップにつながります。
・提出までの期間はあまり空いていても、近すぎてもいけません。2週間に1回、1か月に1回など、余裕のある期間を空けておくと生徒が取り組みやすくなります。

アレンジ
・ブックログは、高校生の場合は書き込み用の用紙を配付するのではなく、大学ノートに自分で欄を作成して記入するように指示することもできます。その場合にも例として1枚配付すると、指示が伝わりやすくなります。
・ノートでブックレポートを作成させる方法もあります。この場合、罫線の入っていないノートを用意するように指示し、どのような書誌データが必要で、どの程度あらすじやコメントを書くべきか、使用言語も含めて指示します。

ブックレポート、ブックログの例

ブックレポートの例

Meiji University Meiji High School

English Book Report			NO.	Class:　No.:　Name:
No. / date	about the book you read			your comment
No.	title			
	author			
	publisher / series			
date	level		evaluation	
/	word count		☆ ☆ ☆	
No.	title			
	author			
	publisher / series			
date	level		evaluation	
/	word count		☆ ☆ ☆	
No.	title			
	author			
	publisher / series			
date	level		evaluation	
/	word count		☆ ☆ ☆	
No.	title			
	author			
	publisher / series			
date	level		evaluation	
/	word count		☆ ☆ ☆	
No.	title			
	author			
	publisher / series			
date	level		evaluation	
/	word count		☆ ☆ ☆	

word count _____　　　total word count _____

ブックログの例

Meiji University Meiji Junior High School

English Book Reading Record 英語読書の記録	No.		Class:　No.:　Name:						report 有 / 無
No.	日付	本のタイトル	シリーズ名	レベル	語数	総語数	評価 (☆☆☆)	感想・メモ	
							☆ ☆ ☆		
							☆ ☆ ☆		
							☆ ☆ ☆		
							☆ ☆ ☆		
							☆ ☆ ☆		
							☆ ☆ ☆		
							☆ ☆ ☆		
							☆ ☆ ☆		
							☆ ☆ ☆		
							☆ ☆ ☆		

このシートの総語数 _____

＊記録のための用紙を、学校図書館に保管しておいてもらうこともできます（37 ページ参照）。

リーディング・マラソン

準備

・マラソン地図を作製します。地図はスタンプやシールが貼れるサイズを用意します。

・地図はしばらく使用するので、カラーのコピー用紙や画用紙が必要です。

手順

① 実施期間を設定します。1～3か月程度に設定します。

読む時間は授業内で確保してもよいですし、授業外で読むことにしてもかまいません。

読む本は教諭がある程度選んだものの中からでもいいですし、学校図書館で自由に借りてきてもかまいません。方針を決めたら、生徒に説明をしましょう。

② ゴールまでを記したリーディング・マラソン・マップ（次ページ参照）を渡します。

③ 勝者は複数名出ることを予告しておきましょう。

④ 1km塗りつぶす（あるいはシールを貼る）ための指標を明示します。

たとえば初期段階であれば、短い本を読んでいるので、1km=300語とします。あるいは1km=1冊とする方法もあります。

⑤ ゴールまでたどり着いた生徒には賞状を用意し、表彰します。

指導のポイント

・レースとはいえ、それぞれが楽しみながら読むことが目的であることを、繰り返し説明しておきます。絵だけを見て文字を読まないことは、主旨に沿わないことを伝えましょう。

・それぞれの目標を設定させましょう。ゴールだけが目的ではなく、各自のペースを大切にするように話しましょう。ただし、それを理由にあまり読まない生徒がいるときは、個別に声をかけて、次に読むとよい本を勧めましょう。

アレンジ

・地図を模造紙に作製し、教室内に掲示する方法もあります。シールに生徒の名前を記し、定期的（1週間に1回など）に進んだ箇所に貼ります。そうすることで、クラス内のレースを目で見て確認できるので、生徒のモチベーションを維持することができます。

学校図書館内英語多読

準備

　学校図書館内に本が排架されていますので、特段の準備は不要です。中学生や高校1年生の場合には、教諭の推薦図書をテーブルの上に並べて置いたり、ブックトラックに抜き出しておいたりすることもあります。

手順

①　授業開始後の10分間で本を選びます。選び終えたら、席に戻り静かに読むよう指示します。開始前に、本を読み終えたときや本を替えたい場合には、静かに立ち上がり、違う本を選んでよいことを伝えておきましょう。

②　20～25分程度読んだら、読み終えた本を記録するように指示します。辞書を引きたい生徒は、ここで辞書を引いてもかまいません。

③　記録している間に、本を借りたい生徒は借りてもよいことを伝えます。

指導のポイント

・なかなか本を選べないような生徒には、学校図書館員や教諭が声をかけて、いろいろな本を勧めてみましょう。

・授業開始直後に、教諭や学校図書館員が、何冊か本の紹介をすることもあります。

・生徒が読書しているときに、ちゃんとふさわしいレベルの本を選んでいるか、読めているかを確認してみましょう。つまずいている生徒や、明らかに読んでいないような生徒には、個別に声をかけましょう。

・読書に集中できない生徒がいる場合は、低いレベルで楽しく読めるようなものを勧めるか、個別に読み聞かせをしてみましょう。学校図書館の場合、複数の生徒を集めて読み聞かせをしても、ほかの生徒の邪魔になりません。

・各学期の考査後などを利用して、最低でも学期に1、2度程度実施することがお勧めです。

アレンジ

・全員に同じシリーズの本を1冊ずつ与えて読ませることもあります。その場合でも、本を読む時間は20～25分程度にしてください。

・読書記録ノートやリーディング・マラソンと組み合わせるとよいでしょう。

教室内10分間英語多読

準備

　生徒には、学校図書館から英語多読本を借りてくるように指示します。あるいは、10分間多読用の本をひとりにつき5冊程度ずつ教諭が用意して、かごやブックトラックなどを用いて、教室まで持っていきます。本の選択については、学校図書館員に手伝ってもらうこともあります。長い本が読めない中学生に向いています。

手順

① 授業開始後すぐに10分間、英語多読をします。本を休み時間中に教室に並べておくと、選ぶときにスムーズにいきます。

② 本を選ぶ時間は2分程度にします。選び終えたら、席に戻り静かに読むよう指示します。 開始前に、本を読み終えたときや本を替えたい場合には、静かに立ち上がり、違う本を選んでよいことを伝えておきましょう。

③ 7～10分経過したら、読み終えた本を記録するように指示します。記録の時間も2分程度とし、本はすぐに回収しましょう。

指導のポイント

・実施するクラスの生徒が5分程度で1冊読み終えられるようなレベルの本を用意しましょう。たくさん読んだ生徒はクラスで褒めましょう。

・本の紹介はあまりせずに、読む時間を多くとりましょう。教諭はつい本紹介をしたくなりますが、生徒が読んでいる間は教諭も静かに読みましょう。

・読書に集中できない生徒がいる場合は、2～3分で読み終える本を勧めるか、個別に読み聞かせをしてみましょう。

・生徒がなかなか本を選べずにいる場合は、どんな本が好みなのか聞き、その生徒がまだ読んでいない本を勧めましょう。

アレンジ

・週3回の授業の毎回10分間を割くことが難しい場合は、週に1回でもかまいません。その際は時間を10分以上とることもできますが、中学1～2年生は最大でも20分程度しか集中できませんので、15分程度がお勧めです。

・読書記録ノートやリーディング・マラソンと組み合わせるとよいでしょう。

インタラクティブ読み聞かせ

手順

① 読み聞かせをします。生徒には本の絵を見せます。

② 次に何が起こるかを聞き、自由に答えさせます。

③ 音読するとよい箇所があったら、教諭が読み上げ、生徒がリピートします。

指導のポイント

・絵本など、絵が各ページに入っている本を選びます。

・CD を使うのではなく、生徒の反応を見ながら教諭が実際に読み進め、ページをめ
  くるタイミングをはかったり、感情を入れて読んだりすると、生徒の興味を引きつ
  けることができます。

・途中で、生徒の理解度をはかるために問いかけをしたり、発音練習のために一緒に
  読むことも大切です。

・英語多読初心者には物語の展開が予想しやすい本を選び、慣れてきたら、邦訳され
  ていないようなものや、和書にはない展開をする物語を選ぶとよいでしょう。

アレンジ

・読み聞かせをしているとき問いかけを入れるのではなく、絵の少ないものを朗読し
  て話の展開を想像させることも可能です。

・読み終えた後、生徒同士でおもしろかったところや、気になったせりふなどを話し
  合わせることもできます。

グループ・リーディング

準備

- 授業時間数を考え、その時間内で読み終えられる本を選びます。
- クラス全員で同じ本を読む場合は、クラスの人数分の本を用意します。
- クラス内でいくつかのグループに分け、グループごとにそれぞれ違うタイトルの本を読む場合には、グループ人数分の本を用意します（6人ずつ5グループだったら、6冊ずつ5タイトル分の本を用意する）。
- 読み進めるうえで、どんな質問を与えると話し合いがうまく進むかを考え、いくつかの質問を準備します。プリントを配付するとスムーズに進行できます。
- 本を選ぶ際には、「難しすぎず、やさしすぎない英文で書かれている」「クラスメートとディスカッションができるようなテーマを扱っている」「個人では読みそうにないクラシック作品。ただし、時代背景の説明は不要で、現代英語で書かれている本」「話題の本は避ける（個人で読んだり、邦訳版が出る可能性があるため）」などの点に注意してください。

手順

① 全員あるいはグループごとに同じ本を用意します。
② ページごと、章ごと、あるいは話の区切りごとに、次の展開を予測させ、話し合わせます。全員で同じ本を読む場合にも、いくつかのグループに分けたほうが話し合いが進みます。
③ 次を読み、予測通りだったか話し合わせます。

指導のポイント

- ある程度の量の英語多読を経験した生徒が、一緒に同じものを読む楽しさを知る活動です。
- あらすじだけ追いかける質問を与えるのではなく、主人公の気持ちの変化や成長を読み取らせたり、想像させると盛り上がります。

アレンジ

- 本は授業内でのみ貸し出し、回収をしなくてもよければ、ストーリーを読んでくること自体は宿題にすることができます。こうすることで、授業ではディスカッショ

ンだけに時間を充てることができます。
- 本校では、通常授業とは異なることを意識させるために、学校図書館内で実施しました。
- 教室内でデジタル教材を使う環境がある場合は、e-books が活用できます。

ディスカッション用資料

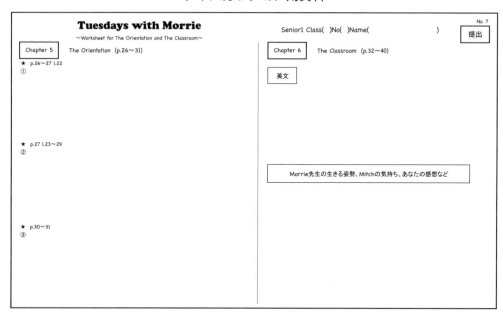

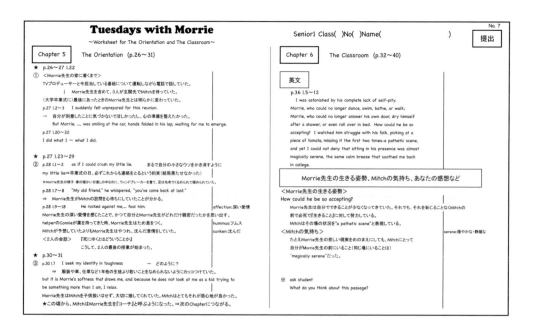

2 本を紹介する活動

　生徒にたくさんの本を読んでもらうため、教諭が本を紹介したり、生徒同士、互いにいろいろな本を紹介することで次々と読めるようにします。興味がなかったけれど読んでみようと思わせることを目的に行う活動です。

イントロ紹介

準備
・教諭が紹介したい本を数冊用意しておきます。表紙や挿絵も見せたい場合は、拡大したものを用意します。

手順
① 教諭が本の出だし部分を読み、登場人物や場面設定、時代設定など、3〜5つの質問をし、内容が理解できたか確認します。
② 続きが気になる生徒は、自分で読むように促しましょう。

指導のポイント
・イントロからわくわくするような本を選ぶと生徒が続きを読みたくなります。
・あまり多くの質問はしないようにします。正確に全部理解していることを求めないようにしましょう。
・学校図書館で実施することもあります。

アレンジ
・4〜5人のグループをつくり、ひとりがイントロを音読する方法があります。この場合は担当する日をあらかじめ伝え、イントロ部分を読む練習をしてくるように指示します。初見の英文を音読することは、生徒にとって容易なことではありません。
・グループ内のそれぞれが1冊イントロ紹介をする準備をしてきて、順番に読み上げる方法もできます。
・生徒がイントロを読み、質問もする場合は、事前に準備の時間をとる必要があります。本番の1週間程度前に質問を作成する時間を授業で行うと、教諭の手助けがもらえ、教諭も質問の内容や質問文が正しいか確認することができます。

タイトル・マッチング

準備

・教諭が生徒に読んでもらいたい本を 10 冊選びます。
・本の背表紙などについている本のあらすじや紹介文を印刷して、生徒にプリントを配付します。紹介文には通し番号をつけておきましょう。
・選ぶ本は、表紙のイラストが内容を表しているようなものがお勧めです。中学 1、2 年生であれば、日本語訳したプリントを印刷してもよいでしょう。

手順

① 洋書の場合、本の紹介文は裏表紙に印刷されていることが多く、読者を引きつける目的で書かれていることを伝えます。
② 生徒は各紹介を読み、どの本の紹介文であるかを、本の表紙を見てマッチングをします。
③ 本は教室の中に展示します。黒板に立てかけたり、机の上に並べたりします。裏面が見えないようにし、生徒には持ち上げて見ないように指示します。学校図書館内で実施することもできます。
④ 全員が終わったら、ひとつずつ答え合わせをしましょう。

指導のポイント

・本の内容と表紙のイラストが一致するようなものを選びましょう。
・紹介文には題名を載せないように気をつけましょう。
・本の紹介文を英語で示す場合は 4 〜 5 文程度のものにしましょう。

アレンジ

・ペアワークやチーム対抗で行うこともできます。
・複本がある場合はグループごとに本を用意し、グループ内で協力して活動することができます。
・本の表紙を拡大コピーして黒板に掲示する方法もあります。
・紹介文をプリントではなくカードにして、本とカードをセットにできたら教諭に答えをチェックしてもらう形にできます。カードにすると「ゲーム感覚」で楽しめます。
・本の紹介は印刷ではなく、教諭が読み上げる形で行うとリスニングの活動にもなり

ます。しかし、これは難易度が上がるので、中学3年生以上でないとできません。
・リスニングで本を当てる形にする場合、クラスをチームに分け、一列に並ばせ、先頭の生徒が正解だと思う本を取りに行く方式にすると、より「ゲーム感覚」で楽しむことができます。
・カードに書かれている紹介文を生徒がお互いに読んで、どの本か探す活動にも代えられます。この場合はペアワークでもグループワークでも可能です。

プリント（カード）の見本

1. Charles "Chuck" Kingston is studying business so he can take over his father's company. But his real love is free running. When things start to go wrong, Chuck learns he can't run from his problems forever.

   The title is:＿＿＿＿＿＿＿＿＿＿＿＿＿

2. When she goes shopping with her mum, Mona wants everything she sees. But when all her wildest dreams come true, Mona discovers that it is possible to have too much.

   The title is:＿＿＿＿＿＿＿＿＿＿＿＿＿

3. Jack is mad that his best friend got the solo he wanted. But when things go wrong on concert night, can Jack save the day?

   The title is:＿＿＿＿＿＿＿＿＿＿＿＿＿

4. Sarah Harland is nineteen, and she is in prison. At the airport, they find heroin in her bag. So, now she is waiting to go to court. If the court decides that it was her heroin, then she must die.

   She says she did not do it. But if she did not, who did? Only two people can help Sarah: her mother, and an old boyfriend who does not love her now. Can they work together? Can they find the real criminal before it is too late?

   The title is:＿＿＿＿＿＿＿＿＿＿＿＿＿

答え：

1. Running Free (Heinle)
2. What Mona Wants, Mona Gets (Walker Stories)
3. Hey Jack! The Scary Solo (Kane Miller)
4. White Death (Oxford Bookworm Stage1)

本の通信簿

準備
・本の評価を書き込める用紙を作成します。サイズは B5 の半分くらい、一般的な英語多読本の内側に貼れる程度にします。

手順
① 生徒たちに自分がお勧めしたい本を用意させ、授業中に読ませます。教諭が全員分の本を用意することもあります。
② 読み終わった後に、評価用紙を配付して、生徒に自分のお勧め度や感想を書き込ませます。
③ 評価用紙は生徒の目に触れるところに掲示するか、まとめてファイルしたものを置いておきましょう。

指導のポイント
・評価を記すときは、本のよい点を中心に書くように指示します。
・友だちの感想を次の本を選ぶときの参考にするよう伝えましょう。
・10 分程度で読める本を選ぶと、1 コマの授業中で終了できます。

アレンジ
・事前にマスキングテープを用意しておいて、「評価用紙」を表紙の内側にマスキングテープで貼りつけると、生徒は選書の際に参考にできます。ただしこの場合は、事前に学校図書館員と、評価用紙を本に貼りつけてもよいかどうかについて話し合ってください。
・「評価用紙」はときどき貼り替えると刺激になります。
・本に「評価用紙」を貼るのではなく、模造紙にクラスごとに貼り、廊下や学校図書館内に掲示することもできます。
・評価をしおり大のカラーコピー用紙に印刷し、本の宣伝代わりに使うこともできます。その際はしおりサイズに切り、学校図書館のカウンターに置いておき、返却日を記入できるようにすると利用しやすくなります。

本の評価用紙（例）

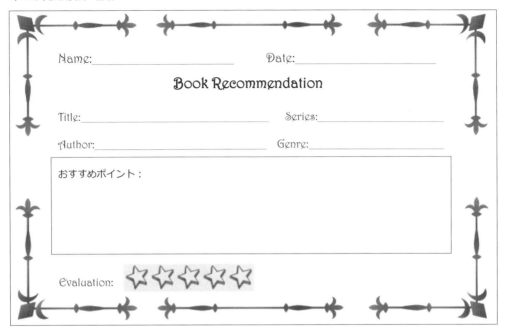

お気に入りの一冊

準備

・あらかじめ3人ずつのグループをつくり、それぞれに紹介する本を決めさせます。本番までに自分が紹介するための本を読み終えなければならないので、1週間ほどの時間を与えてください。英語で本を紹介する場合は、一度発表の練習をしておかないとスムーズにできないことも伝えておきましょう。

・この活動の目的はお互いに本紹介をすることで、友だちがどんなレベルのどんな内容の本を選ぶのかを知ることです。それにより、選ぶ本に幅が出ます。

手順

① お互いの顔が見えるように、グループごとに座らせます。グループ内で話し合って、発表する順番を決めさせます。じゃんけん、出席番号の早い人から、誕生日の早い人からなどでもかまいません。その後、順番に自分が選んだ本を紹介するよう指示します。学校図書館内で実施することもあります。

② 発表する際の姿勢、声の大きさ、話すスピードについても指示します。話す形式以外にも気をつけるべき点について伝えましょう。表紙が見えるように本を持つように指示します。

③ 発表時間は無制限にしてもよいですが、各グループがだいたい同じ時間で終わるように、時間制限を設ける方法もあります。ビブリオバトルのように、どの本がいちばん読みたくなったかを投票させることもできます。英語で紹介するのか、日本語で紹介するかは生徒の英語のレベルを見て決めましょう。

指導のポイント

・グループ分けは協力してできるようなメンバーにするとスムーズに進みます。

・それぞれが選ぶ本については「友だちが読みたくなるような本を選びましょう」と指示します。

アレンジ

・本の紹介をペアで行わせることもできます。英語が苦手だったり、発表することが苦手な生徒であっても、友だちと一緒であればがんばれることがあります。また、発表時間をひとりのときと同じにすれば、時間短縮にもなります。このとき、どち

らか一方だけが読むのではなく、必ず２人とも本を読み、それぞれが紹介する部分を設けるように指示しましょう。３ペア、６人で１チームとなります。６人以上になると発表までに待ち時間が長くなるので、あまりお勧めではありません。

・この活動は、ビブリオバトル（参加者がひとり５分で本を紹介し、どの本が読みたくなったかを投票で決定する）に似ているため、生徒によっては、和書で経験したことがあるかもしれません。親しみを持ちやすい活動です。

・本校では、グループごとにいちばん読みたくなった本を選び、「○組のお勧め本」として、各クラスで選ばれた本を学校図書館内に展示しました。

英語での発表形式の見本

> Last week, I read < title >. It is a < type of book >, and I < liked/ didn't like > it.
>
> < 簡単に本のあらすじを話す。結論は言わずに >. If you want to know what happens, you'll have to read this book.
>
> I < recommend / don't recommend > this book to < everyone / people who like（s）(type) > books.
>
> Thank you.

（例）

Last week, I read "When Tiny was Tiny." It is a Puffin Easy-to-Read. I liked the book. It was easy to read.

In this book, a boy tells us when Tiny was small, he fit in his bag. But now Tiny is too big to fit in his bag. If you want to know what other things happened, please read this book.

I recommend this book to people who likes dogs.

Thank you.

本のインタビュー

準備
- 読んできた本についてインタビューをする日を決めます。準備が必要なので、1週間程度、時間を空けたほうがよいでしょう。
- 質問内容は教諭が決めたものをプリントで配付し、生徒には、自分の答えを英文で考えさせておきます。

手順
① ペアをつくり、お互いに読んできた本についてインタビューをさせます。聞き手は、相手の答えについて、メモをとるよう指示しましょう。
② 次に、違う人とペアをつくり、お互いに、前の人に聞いた内容について紹介します。インタビューは質問と答えのやりとりを英語でできるようにしますが、この紹介については、生徒の英語力を見て、日本語でさせることもあります。

指導のポイント
- ペアを変えるたびに相手を探す時間をとらないように、席の列を利用してペアを変えるようにしておくとスムーズに進みます。
- スピーキングを取り入れた活動ですので、インタビューを始める前に、スムーズに質問できるように、全体で練習をしておきましょう。
- 生徒は事前に答えを準備しておきますが、自分が準備してきた単語が読めないこともあります。そのようなことがないように、インタビューを始める前に生徒に読み方の確認をするように指示しましょう。読めない単語がある場合は教諭に確認するか、電子辞書などの音声で確認するように伝えておきましょう。

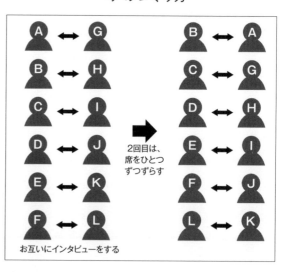

ペアのつくり方

2回目は、席をひとつずつずらす

お互いにインタビューをする

アレンジ

- ペアでひとりずつが互いにインタビューするのではなく、ペアを1チームとして、ペア同士でインタビューすることもできます。その際は、英語力が同程度の生徒同士のペアにするか、異なる生徒同士にするかはクラスの様子を見て決めましょう。友だちと一緒のために心強く感じる生徒がいるだけではなく、答えの幅が広がるために、ひとりのときよりも興味深く楽しむ生徒がいます。

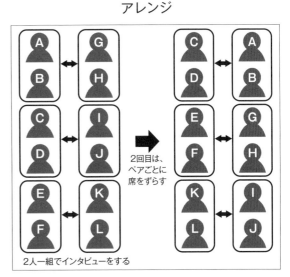

- インタビューと、聞いた内容を紹介する活動は、違う日の授業にしてもかまいません。そのようにすれば、紹介を英語でする準備時間を確保することができます。この場合、前半の活動は学校図書館内で、発表は教室でという違いを持たせることもできます。

英語でのインタビュー内容の見本

1. What is the title of the book?
2. Who is the author?
3. Who is the main character of the book?
4. What is your favorite part of the book?
5. Did you like the book? Why or why not?
6. Do you recommend the book to your friend?

インタビュー後の紹介文例

　Hanako read "Fluffy Grows a Garden" It is written by Kate McMullan. The main character is a hamster called Fluffy. Hanako's favorite part is when Fluffy watched the bugs work in the garden. She recommends the book to her friends because it is easy to read and there are many Fluffy stories.

　Thank you.

チラシの作製

準備

・生徒が実際にチラシを作製する用紙（コピー用紙やケント紙など）を人数分用意します。

手順

① 自分が読んで、人にお勧めしたいと思う本を1冊紹介するという目的を伝えます。また、これらは校内で掲示することを伝え、カラフルで魅力的な一枚にするように指示します。

② チラシに含めなければならない要素を説明して作製させます。プリントにして配付しておくと、長期休みの課題として出せます。

③ 提出された作品の中から優秀なものを数点選び、学校図書館を含む校内で掲示します。月替わりにしたり、校内の複数個所で掲示すると生徒の刺激になります。

指導のポイント

・チラシ作製者の学年と氏名を記すことで、ほかの生徒の参考になります。また、ときどき校内の掲示を貼り替えることで、それを見た生徒が教室で話題にしたり、その本を借りていったりするかもしれません。友だちの口コミはとても有効です。

・生徒が本を選ぶときに教諭が同席して、なるべくほかの生徒とは違う本を選ぶようにアドバイスをすると、ジャンルやシリーズの幅が広がります。同じ本のチラシばかりにならないので、掲示も興味深いものになります。

・Oxford University Press や Cengage 社は、毎年チラシのコンテストを開催しているので、応募条件に合った指示を出して優秀作品を出品すると、生徒のモチベーションアップにつながります。

・学校図書館に掲示すると、ほかの生徒が英語多読本を選ぶときの参考にもなります。

アレンジ

・1冊だけでなく、ベスト3を紹介する方法もあります。

・ベスト1とワースト1を紹介する方法もあります。なぜそう思ったのかを必ず書くように指示します。

・チラシを並べて掲示し、読んだほかの生徒が「いいね！」シールを貼るようにすると、作製した生徒が自分のお勧めに対する周りの反応を知ることができます。

チラシを作製する上での注意（例）

- タイトル、作者、出版社、レベル、語数を明記する。
- あらすじを英語で紹介する。オチまで書かないように！
- コメントを日本語でのせる。
- 本の内容に関連するイラストをカラーで描く。
- A4 のコピー用紙に作製する。
- 作製は手がきのもので、文字はペンで書く。ペンの色は自由。
- 自分のクラス、氏名は表に書く。

生徒の作品

4コマまんがで本を紹介

準備
・4コマの枠が書いてある用紙を作成します。

手順
① プリントを配付して、生徒に読み終えた本のあらすじを4コマまんがで描かせます。
② まんがはほかの生徒が見られるように、学校図書館を含む校内に掲示します。

指導のポイント
・絵を描くことが苦手だという生徒には、絵のできあがりが問題なのではなく、本の内容や雰囲気が伝わればよいことを伝えます。
・ストーリーのオチは書かないように指示しましょう。
・掲示の際に色をつけたり、学年や氏名を記すことで、ほかの生徒が参考にしやすくなります。
・チラシと違い、まんがはさっと読めるので、本選びの参考にしやすくなります。
・文章を書くのが苦手な生徒には取り組みやすい課題になります。
・学校図書館に掲示すると、ほかの生徒が英語多読本を選ぶときの参考にもなります。

アレンジ
・あらすじだけでなく、感想を含めるようにすることもできます。
・気に入ったフレーズや本の一部分だけ書く方法もあります。

『Henry and Mudge The First Book』より
Rylant, Cynthia 著

第4部　推薦図書リスト

　学校図書館にどんな本をそろえるかということは、非常に大切な要素のひとつです。生徒たちの英語力や、興味関心を考慮したうえで、予算に合った本を選ぶことが求められます。レベルが上がるにしたがって、生徒たちが和書でどんなジャンルに関心を持っているのかということを踏まえながら、本を選ぶことも必要になってきます。英語多読本の選書は、英語科教諭と学校図書館員が協力して行いましょう。

　さまざまなレベルやジャンルをそろえるためには、すでに高い評価を得ている英語多読本をいくつか知っておくと役立ちます。

　ここでは、最初にGR、児童書、ヤングアダルト（YA）本、を紹介します。続けて、生徒たちが順に読むとよい100冊を紹介します。

Graded Readers、児童書、ヤングアダルト(YA)本のお勧め作家

　GR、児童書、YA本のお勧め作家を紹介します。幼少期に読むものから大人が読めるものまで幅広く書く作家もいるので、英語多読でレベルアップしたときに、同じ作家に出会えるのも楽しみのひとつですが、今回はなるべく作家が重ならないようにしました。推薦した著者が書いたほかの作品も探してみてください。

1. Graded Readers の主な著者

　読みやすいGRを書いている著者を少し紹介します。GR以外の本も書いている作者もいます。ここに紹介した以外にも多くのGR作者がいます。

Akinyemi, Rowena

さまざまなレベルのものを書いています。日本の出版社から出ているものもあります。

Love or Money?
出版社　Oxford University Press
出版年　2008
ページ　56
ISBN　978-0194789080
語数　6,010

Rainforests
出版社　Oxford University Press
出版年　2008
ページ　56
ISBN　978-0194233811
語数　6,480

Gandhi
出版社　Oxford University Press
出版年　2010
ページ　88
ISBN　978-0194237802
語数　17,000

Border, Rosemary

GradedのオリジナルをたくさんO書いています。レベルもOxford University Pressのstarterからレベル5までのものがあります。

The Lottery Winner
出版社　Oxford University Press
出版年　1997
ページ　56
ISBN　978-0194789073
語数　5,655

Love Story
出版社　Oxford University Press
出版年　2007
ページ　80
ISBN　978-0194791229
語数　8,755

Ghost Stories
出版社　Oxford University Press
出版年　1989
ページ　95
ISBN　978-0194792257
語数　22,720

Collins, Anne

オリジナル、リライト、ノンフィクションなど、さまざまなジャンルとレベルで書いています。

The Leopard and the Lighthouse

出版社　Pearson Japan
出版年　1998
ページ　20
ISBN　978-1405880619
語数　1,003

British Life

出版社　Pearson Japan
出版年　2008
ページ　56
ISBN　978-1405881784
語数　7,100

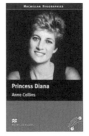

Princess Diana

出版社　Macmillan
出版年　2009
ページ　120
ISBN　978-0230731165
語数　10,115

Escott, John

Penguin Books の starter からレベル4までさまざまなレベルで書いています。また、フィクションもノンフィクションもあります。

The Missing Coins

出版社　Pearson Japan
出版年　2008
ページ　20
ISBN　978-1405876681
語数　1,711

Newspaper Boy

出版社　Macmillan
出版年　1992
ページ　31
ISBN　978-1405072458
語数　2,900

Agatha Christie, Woman of Mystery

出版社　Oxford University Press
出版年　2007
ページ　56
ISBN　978-0194790505
語数　5,955

Shipton, Paul

Disney シリーズや Sherlock シリーズを多数書いています。ほかにも Oxford Read and Discover シリーズも書いています。

On Thin Ice

出版社　Oxford University Press
出版年　2016
ページ　32
ISBN　978-0194709316
語数　596

Alice in Wonderland

出版社　Pearson Japan
出版年　2013
ページ　32
ISBN　978-1408287378
語数　2,132

Sherlock　A Study in Pink

出版社　Mary Glasgow Magazine
出版年　2012
ページ　88
ISBN　978-1906861933
語数　14,535

Smith, Bernard

Penguin starter や level 1 があり、フィクションもノンフィクションも書いています。

The Last Photo
出版社　Pearson Japan
出版年　2008
ページ　20
ISBN　978-1405869591
語数　800

Muhammad Ali
出版社　Pearson Japan
出版年　2008
ページ　16
ISBN　978-1405881531
語数　2,451

David Beckham
出版社　Pearson Japan
出版年　2008
ページ　16
ISBN　978-1405881494
語数　2,092

Prowse, Philip

長年現場で英語を教えてきた作者です。現在は教員養成に関わっています。さまざまなレベルとジャンルのものを書いています。

The Penang File
出版社　Cambridge University Press
出版年　2006
ページ　32
ISBN　978-0521683319
語数　2,000

Hotel Casanova
出版社　Cambridge University Press
出版年　2005
ページ　32
ISBN　978-0521649971
語数　3,700

This is London
出版社　Macmillan
出版年　2008
ページ　40
ISBN　978-0230035096
語数　2,473

Vicary, Tim

犯罪スリラー、歴史フィクションと英語学習者向けの3種類のジャンルを書いています。学習者向けの本はレベルに幅があります。

Justice
出版社　Oxford University Press
出版年　2008
ページ　72
ISBN　978-0194791199
語数　10,420

White Death
出版社　Oxford University Press
出版年　2007
ページ　56
ISBN　978-0194789233
語数　6,600

Mary, Queen of Scots
出版社　Oxford University Press
出版年　2000
ページ　56
ISBN　978-0194789097
語数　6,540

2. 児童書の主な著者

　児童書は大人が子どもに読み聞かせる前提で書かれているものが多くあり、必ずしも英文はやさしくはありません。しかし、絵がきれいで、多少言葉がわからなくても楽しめるものになっています。英語多読の読み聞かせにぴったりなものも多数あります。

Ahlberg, Allan

児童書を多数書いています。夫婦で書いているものも多いです。Happy Family シリーズを多く手がけています。

Each Peach Pear Plum

出版社	Puffin Books
出版年	1978
ページ	32
ISBN	978-0140506396
語数	113

Mrs. Vole the Vet

出版社	Puffin Books
出版年	1996
ページ	24
ISBN	978-0140378801
語数	592

Burglar Bill

出版社	Puffin Books
出版年	1998
ページ	32
ISBN	978-0140503012
語数	1,700

Berenstain, Stan and Jan

くまの家族のシリーズ。ゲームやアニメにもなっています。YouTube にオフィシャルチャンネルもあり、人気があります。

The Big Honey Hunt

出版社	HarperCollins
出版年	1983
ページ	64
ISBN	978-0001713260
語数	694

Inside Outside Upside Down

出版社	Random House
出版年	1968
ページ	36
ISBN	978-0394811420
語数	62

The Berenstain Bears' New Baby

出版社	Random House
出版年	1973
ページ	32
ISBN	978-0394829081
語数	671

Carle, Eric

あざやかな色彩がすばらしい絵本作家。リズミカルな英文も音読に向いています。

The Grouchy Ladybug	Does a Kangaroo Have a Mother, Too?	From Head to Toe
出版社 HarperCollins	出版社 HarperCollins	出版社 HarperCollins
出版年 1977	出版年 2000	出版年 1997
ページ 48	ページ 32	ページ 32
ISBN 978-0064434508	ISBN 978-0064436427	ISBN 978-0064435963
語数 812	語数 253	語数 207

Donaldson, Julia

絵本を中心に書いています。YouTube に音楽と音読がついているものが多数あるので、楽しめます。

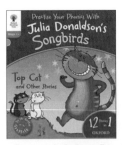 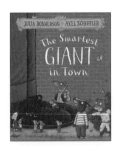 

Top Cat and Other Stories	The Smartest Giant in Town	Room on the Broom
出版社 Oxford University Press	出版社 Macmillan	出版社 Puffin Books
出版年 2011	出版年 2002	出版年 2001
ページ 120	ページ 32	ページ 32
ISBN 978-0192792969	ISBN 978-1509812530	ISBN 978-0142501122
語数 29	語数 1,073	語数 834

Dahl, Roald

児童から大人まで多岐にわたるジャンル、レベルの作品があります。YouTube にはイラストに朗読がついている動画があります。

Charlie and the Chocolate Factory	Esio Trot	Revolting Rhymes
出版社 Puffin Books	出版社 Puffin Books	出版社 Puffin Books
出版年 1964	出版年 1990	出版年 1982
ページ 192	ページ 96	ページ 48
ISBN 978-0142410318	ISBN 978-0142413821	ISBN 978-0142414828
語数 30,644	語数 4,225	語数 4,145

Dr. Seuss (Geisel, Theodore S.)

音を楽しむナンセンスなものが中心です。アメリカの子どもは必ず読む作品です。映画化された作品もたくさんあります。

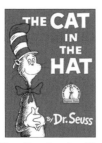

The Cat in the Hat

出版社	Random House
出版年	1957
ページ	61
ISBN	978-0394800011
語数	1,621

Horton Hears a Who!

出版社	Random House
出版年	1954
ページ	72
ISBN	978-0394800783
語数	1,970

How the Grinch Stole Christmas

出版社	HarperCollins
出版年	1957
ページ	64
ISBN	978-0008201524
語数	1,355

Sharratt, Nick

イギリス人の作家兼イラストレーター。リズムを楽しめる絵本が多く、本文が歌になっている CD が付属されていることもあります。

Shark in the Dark!

出版社	Corgi
出版年	2009
ページ	20
ISBN	978-0552572187
語数	243

More Pants

出版社	Corgi
出版年	2007
ページ	32
ISBN	978-0552554954
語数	136

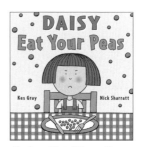

Daisy Eat Your Peas

出版社	Red Fox Picture Books
出版年	2000
ページ	32
ISBN	978-1862308046
語数	504

Lionni, Leo

英文は決してやさしくはありませんが、邦訳も多いため、十分に楽しめると思います。

Where?

出版社	Knopf Books
出版年	2014
ページ	16
ISBN	978-0385754071
語数	N/A

Alexander and the Wind-up Mouse

出版社	Random House
出版年	1969
ページ	40
ISBN	978-0385755511
語数	742

Little Blue and Little Yellow

出版社	Dragonfly Books
出版年	1959
ページ	32
ISBN	978-0399555534
語数	274

Lobel, Arnold

小学校の教科書でがまくんとかえるくんの「お手紙」を読んだ生徒がたくさんいると思います。どの作品もほのぼのとしています。

Days With Frog and Toad

出版社	HarperCollins
出版年	1979
ページ	64
ISBN	978-0064440585
語数	2,075

Owl at Home

出版社	HarperCollins
出版年	1975
ページ	64
ISBN	978-0064440349
語数	1,501

Grasshopper on the Road

出版社	HarperCollins
出版年	1978
ページ	64
ISBN	978-0064440943
語数	1,947

Munsch, Robert

カナダ人作家。ストーリーは独自性に富んでおり、思いもよらない結末を楽しめます。

Love You Forever

出版社	Firefly Books
出版年	1986
ページ	32
ISBN	978-0920668375
語数	772

The Sandcastle Contest

出版社	Cartwheel Books
出版年	1970
ページ	32
ISBN	978-0439748650
語数	716

From Far Away

出版社	Annick Print
出版年	1995
ページ	32
ISBN	978-1554519392
語数	743

Rylant, Cynthia

児童から大人向けまで、たくさんの作品を書いています。シリーズになっているものもたくさんあります。

The Case of the Missing Monkey

出版社	Greenwillow Books
出版年	2001
ページ	48
ISBN	978-0064443067
語数	1,051

Poppleton in Spring

出版社	Cartwheel Books
出版年	1999
ページ	48
ISBN	978-0545078672
語数	665

In Aunt Lucy's Kitchen

出版社	Aladdin
出版年	1998
ページ	64
ISBN	978-0689817083
語数	3,937

3. ヤングアダルト（YA）本の主な著者

　日本でYA本といえば、13歳以上、中学生・高校生を対象とした本を意味します。ただし、このレベルの洋書を読むのには、相当な英語力が必要だといえるでしょう。英語には、小学校高学年から中学生を意味するtweensという言葉があり、この年齢層を対象とした本も多く出版されています。本書では、日本の中高生を対象とした英語多読本として、このtweensを対象とした本も含めてYA本としてご紹介します。

Blackman, Malorie

児童書からYAまで、幅広いレベルで書いています。YA本の中にはPenguinのGRに書き直されている作品もあります。

The Monster Crisp-Guzzler

出版社	Corgi
出版年	2002
ページ	64
ISBN	978-0552547833
語数	2,320

Snow Dog

出版社	Corgi
出版年	2001
ページ	64
ISBN	978-0552547031
語数	2,682

Noughts & Crosses

出版社	Corgi
出版年	2006
ページ	448
ISBN	978-0552555708
語数	96,375

Blume, Judy

小学生の話から10代の性や死を扱うYA作家。数々の賞を受賞しています。

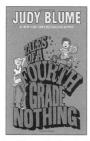

Tales of a Fourth Grade Nothing

出版社	Puffin Books
出版年	1972
ページ	160
ISBN	978-0142408810
語数	22,741

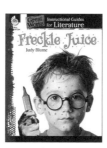

Freckle Juice

出版社	Shell Education
出版年	1971
ページ	80
ISBN	978-1480769939
語数	3,318

Are You There God? It's Me, Margaret

出版社	Macmillan
出版年	1970
ページ	176
ISBN	978-1447286813
語数	30,340

DiCamillo, Kate

ニューベリー賞受賞作家。児童書と YA 本を書いています。映画化された作品も複数あります。

Mercy Watson to the Rescue

出版社　Candlewick
出版年　2005
ページ　80
ISBN　978-0763645045
語数　1,905

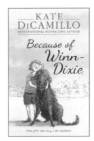

Because of Winn-Dixie

出版社　Walker Books
出版年　2000
ページ　192
ISBN　978-1406357622
語数　22,123

The Tale of Despereaux

出版社　Candlewick
出版年　2003
ページ　272
ISBN　978-0763680893
語数　32,375

Lowry, Lois

子ども向けやサイエンス・フィクションを書いています。ニューベリー賞受賞作家。

Anastasia Krupnik

出版社　HMH Books
出版年　1979
ページ　160
ISBN　978-0544336682
語数　21,862

Number the Stars

出版社　HMH Books
出版年　1989
ページ　160
ISBN　978-0547577098
語数　27,197

The Giver

出版社　HarperCollins
出版年　1993
ページ　192
ISBN　978-0007578498
語数　43,617

MacLachlan, Patricia

少し厚みのある本を書いていますが、読みやすい英文で書かれています。映画化作品もあります。ニューベリー賞受賞作家。

Sarah, Plain and Tall

出版社　HarperCollins
出版年　1985
ページ　67
ISBN　978-0062399526
語数　8,377

Cat Talk

出版社　Katherine Tegen Books
出版年　2013
ページ　32
ISBN　978-0060279783
語数　5,586

Snowflakes Fall

出版社　Random House
出版年　2013
ページ　32
ISBN　978-0385376938
語数　216

Paulsen, Gary

10代向けの本を数多く執筆しています。自然との闘いを扱う作品が得意です。ニューベリー賞受賞作家。

Hatchet

出版社	Simon & Schuster Books
出版年	1987
ページ	192
ISBN	978-1416936473
語数	42,328

Liar, Liar

出版社	Yearling
出版年	2011
ページ	128
ISBN	978-0375866111
語数	21,277

Six Kids and a Stuffed Cat

出版社	Simon & Schuster Books
出版年	2016
ページ	160
ISBN	978-1481452243
語数	18,329

Sachar, Louis

少年少女の日常を描いた作品が中心です。『Holes』は全米図書賞児童文学部門、ニューベリー賞を受賞。

Someday Angeline

出版社	Bloomsbury Publishing PLC
出版年	1983
ページ	192
ISBN	978-0747587231
語数	28,436

Sideways Stories from Wayside School

出版社	HarperCollins
出版年	1978
ページ	118
ISBN	978-0380731480
語数	20,395

Holes

出版社	Yearling
出版年	1998
ページ	233
ISBN	978-0440414803
語数	47,079

Wilson, Jaqueline

イギリス人の作家。児童書からYA本まで、さまざまなレベルのものを書いています。

The Dinosaur's Packed Lunch

出版社	Corgi
出版年	1995
ページ	64
ISBN	978-0552557825
語数	1,558

Lizzie Zipmouth

出版社	Corgi
出版年	2000
ページ	80
ISBN	978-0552557849
語数	70,000

Girls in Love

出版社	Corgi
出版年	1997
ページ	208
ISBN	978-0552557337
語数	33,252

ロードマップ 100 冊

　ここでは、中学1年からスタートする前提で本を選びました。シリーズも多数含まれていますので、生徒が気に入っているようであれば、そのシリーズをそろえて、続けて読ませてもよいでしょう。語数やレベルを少しずつアップできるように並べましたが、実際の生徒の様子を見て、少し順番を変えるなどして勧めてください。
　学校図書館に英語多読本を排架する際には、この100冊（と関連シリーズ）をそろえるところから始めるとよいでしょう。

Hug

作者	Alborough, Jez
出版社	Candlewick
出版年	2009
ページ	32
ISBN	978-0763645106
語数	30
対象	中1の1学期
キーワード	animal, baby

Hug 以外の言葉はほとんど使われていません。どんな場面で Hug が使われるか、絵から理解できます。

Hello, Clifford!
Clifford Phonics Fun

作者	Blevins, Wiley
出版社	Scholastic
出版年	2002
ページ	16
ISBN	978-0439405232
語数	26
対象	中1の1学期
キーワード	dog, friend

"Hello, 名前" だけです。Clifford シリーズの主な登場人物を知ることができます。Phonics Fun のシリーズです。

Good Night, Gorilla

作者	Rathmann, Peggy
出版社	G.P. Putnam's Sons Books
出版年	1994
ページ	36
ISBN	978-0399230035
語数	48
対象	中1の1学期
キーワード	animals, zoo, good night

"Good Night, 動物名" だけでストーリーが展開します。絵がかわいいので、生徒たちと一緒に絵も楽しみましょう。

The Very Hungry Caterpillar

作者	Carle, Eric
出版社	Puffin Books
出版年	1969
ページ	28
ISBN	978-0140569322
語数	220
対象	中1の1学期
キーワード	food, colors

数字や曜日、食べ物の名前が出てくるため、繰り返し読むことでさまざまな単語の勉強もできます。

No, David!
David

作者	Shannon, David
出版社	Blue Sky Press
出版年	1998
ページ	32
ISBN	978-0439129657
語数	64
対象	中1の1学期
キーワード	boys

主人公の行動を説明する記述はなく、お母さんが子どもにかける言葉が書かれています。読み聞かせにぴったりな一冊です。

Goodnight Moon

作者	Brown, Margaret Wise
出版社	HarperCollins
出版年	1947
ページ	32
ISBN	978-0434972265
語数	131
対象	中1の2学期
キーワード	animals, goodnight

部屋の中にあるものひとつひとつにおやすみを言っていきます。物の名前を中心にストーリーが進みます。

Skeleton Hiccups

作者	Cuyler, Margery
出版社	Margaret K. McElderry Books
出版年	2002
ページ	32
ISBN	978-1416902768
語数	114
対象	中1の2学期
キーワード	skeleton, hiccups

1ページにひとつ行動をとっているので、動詞を覚えるのに最適な一冊です。ガイコツが飲んだり食べたりする場面では、当然ながらくすっと笑える状況に。

Rosie's Walk

作者	Hutchins, Pat
出版社	Aladdin
出版年	1968
ページ	32
ISBN	978-0020437505
語数	32
対象	中1の3学期〜中2
キーワード	animals, walk, farm

芸術的な美しい絵本。絵を見ているだけでも楽しめます。前置詞を学べます。各ページ3〜4語ほどです。

Brown Bear, Brown Bear, What Do You See?

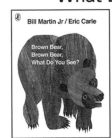

作者	Carle, Eric
出版社	Puffin Books
出版年	1967
ページ	32
ISBN	978-0141501598
語数	196
対象	中1の1学期〜中2
キーワード	animals, colors

色と動物が登場します。また、英文はリズミカルで一緒に音読するのに適しています。関連した活動の本やCDもあります。

Father Christmas

作者	Briggs, Raymond
出版社	Puffin Books
出版年	1977
ページ	32
ISBN	978-0140501254
語数	144
対象	中1の2学期〜中2
キーワード	Christmas, Santa Claus

文字が少なく、まんがのようなコマ割りをした本です。絵が非常に丁寧ですので、それだけでも楽しめます。

Biscuit Feeds the Pets
I Can Read！My First

作者	Capuculli, Alyssa Satin
出版社	HarperCollins
出版年	2016
ページ	32
ISBN	978-0062236968
語数	149
対象	中2の1学期〜2学期
キーワード	dogs, friends

とても愛らしい子犬 Biscuit は、中学生女子に大人気。イラストの愛らしさだけで、次々に読めてしまいます。

Puppy Mudge Has a Snack
Ready-to-Read Pre Level One

作者	Rylant, Cynthia
出版社	Simon & Spotlight
出版年	2003
ページ	32
ISBN	978-1481447850
語数	97
対象	中2の1学期〜2学期
キーワード	dog, friends

各ページ1文で、英文は平均4語で書かれています。Puppy Mudge シリーズは5冊セットで販売されています。

The Snowman
Step into Reading Level 1

作者	Briggs, Raymond
出版社	Random House
出版年	1982
ページ	32
ISBN	978-0679894438
語数	145
対象	中1の1学期〜中2
キーワード	snowman, adventure

Random House から出ているこの本は、平易で短い英文で書かれています。アニメは音楽だけなので、先に動画を見てから読むこともお勧めです。

Pants

作者	Sharratt, Nick
出版社	Corgi
出版年	2007
ページ	48
ISBN	978-0552548335
語数	110
対象	中2の1学期〜2学期
キーワード	pants, adjective

さまざまな形容詞でパンツを表しています。CD にはいろいろなバージョンの chants が入っているので、生徒と一緒に歌ってみれば、形容詞はあっという間に覚えられます。

Five Little Monkeys Jumping on the Bed

作者	Christelow, Eileen
出版社	HMH Books
出版年	1989
ページ	32
ISBN	978-0395601150
語数	200
対象	中2の1学期〜2学期
キーワード	numbers, animals, chants

同じ形に英文、ほぼ同じ単語で繰り返されます。歌にもなっていますので、楽しく読めます。

Go Away, Big Green Monster!

作者	Emberley, Ed
出版社	LB Kids
出版年	1992
ページ	32
ISBN	978-0316236539
語数	91
対象	中2の1学期〜2学期
キーワード	monster, parts of the body

ページをめくるごとにモンスターが登場し、そして消えていきます。色と顔のパーツの語彙を覚えられます。

Shark in the Park!

作者	Sharratt, Nick
出版社	Corgi
出版年	2000
ページ	24
ISBN	978-0552549776
語数	246
対象	中2の2学期〜中3
キーワード	boy, animals

少年が公園で望遠鏡をのぞき込むと……！
4ページごとに同じ形の英文で進みます。

Two Crazy Pigs
Scholastic Readers

作者	Negal, Karen Berman
出版社	Cartwheel Books
出版年	1992
ページ	32
ISBN	978-0590449724
語数	282
対象	中2の2学期〜中3
キーワード	animals, farm

過去形、完了形、while や when（とき）で書かれていますが、絵と文がぴったり一致しているので、理解できます。

Three Billy-Goats
Oxford Classic Tales Beginner 1

作者	Arengo, Sue
出版社	Oxford University Press
出版年	2001
ページ	24
ISBN	978-0194220033
語数	432
対象	中1の3学期〜中2の1学期
キーワード	animals, monster

この Classic Tales シリーズはやさしい英文に書き直されています。ワークブックも用意されています。

The Ugly Duckling
Puffin Easy-to-Read　Level 1

作者	Ziefert, Harriet
出版社	Puffin Books
出版年	1997
ページ	32
ISBN	978-0140383522
語数	339
対象	中2
キーワード	birds, baby

過去形、不定詞を使って書いてありますが、英文は短文なので気になりません。

This is the House that Jack Built

作者	Taback, Simms
出版社	Puffin Books
出版年	2002
ページ	32
ISBN	978-0142402009
語数	300
対象	中2の3学期〜中3
キーワード	animals, rhyme

リズムに合わせた詩になっていますが、何が起こったのかは絵を見ながら読み進めてください。

The Town Mouse and the Country Mouse
Oxford Classic Tales Beginner 2

作者	Arengo, Sue
出版社	Oxford University Press
出版年	1999
ページ	24
ISBN	978-0194220217
語数	730
対象	中2の2学期〜中3
キーワード	animals, town, city

現在形で書かれています。What's 〜？/It's 〜．また、country mouse と town mouse で英文の形が同じなので、読みやすい一冊。

Don't Forget the Bacon!

作者	Hutchins, Pat
出版社	Greenwillow Books
出版年	1976
ページ	32
ISBN	978-0688087432
語数	174
対象	中2
キーワード	boy, shopping

単語中心にストーリーが展開します。お使いを頼まれた少年は目にするものに惑わされてしまいます。頼まれたものがそろうでしょうか。

The Little Red Hen
Puffin Easy-to-Read　Level 1

作者	Ziefert, Harriet
出版社	Puffin Books
出版年	1995
ページ	32
ISBN	978-0140378177
語数	340
対象	中2
キーワード	animals, bread

未来形 will と過去形で書かれています。4ページごとに同じ英文の形をとっているので、絵も見ながら読めば、楽しめます。

Henny-Penny
Puffin Easy-to-Read Level 1

作者	Ziefert, Harriet
出版社	Puffin Books
出版年	1997
ページ	32
ISBN	978-0140381887
語数	280
対象	中2
キーワード	animals, chase

3ページごとに同じ形の英文で書かれています。絵を見れば、ストーリーが楽しめます。

Surprise Visitors
Farmyard Tales

作者	Amery, Heather
出版社	Usborne Publishing
出版年	1994
ページ	42
ISBN	978-1409598206
語数	345
対象	中2の2学期～3学期
キーワード	children, balloon, trip

Farmyard Tales は20話あります。どれも現在形で書かれおり、各ページ2～3文です。

Turtle and Snake's Day at the Beach
Puffin Easy-to-Read Level 1

作者	Spohn, Kate
出版社	Penguin
出版年	2001
ページ	32
ISBN	978-0142401576
語数	220
対象	中2の2学期～3学期
キーワード	snake, turtle, friends

各ページ1～2文で書かれています。使われている繰り返しの単語や、思わず笑える状況がとても愛らしいシリーズ。

A Snake Mistake
Puffin Easy-to-Read Level 1

作者	Smith, Mavis
出版社	Puffin Books
出版年	1991
ページ	32
ISBN	978-0140388138
語数	350
対象	中2の2学期～3学期
キーワード	farm, snake

過去形で書かれています。英文は平易で中学生でも難なく読めます。Paper版は絶版で、e-booksでの入手となります。

Ice-Cold Birthday
Penguin Young Readers Level 2

作者	Cocca-Leffler, Maryann
出版社	Penguin
出版年	1992
ページ	32
ISBN	978-0448403809
語数	411
対象	中2の3学期～中3
キーワード	birthday, girl, winter

アンラッキーな女の子の誕生日の出来事。あまりに続くアンラッキーに、ちょっと切ない気分にもなります。

Go Away, Dog
I Can Read My First

作者	Nodset, Joan L
出版社	HarperCollins
出版年	2003
ページ	32
ISBN	978-0064442312
語数	260
対象	中2の1学期
キーワード	dog, boy

If ～?、Will you ～? など中学1年で学ぶ文法で英文が書かれています。1文は短く、リズミカルで読みやすいです。

Today I Will Fly!

作者	Willem, Mo
出版社	Walker & Company
出版年	2007
ページ	64
ISBN	978-1406338485
語数	180
対象	中1の3学期～中2
キーワード	big, elephant, friend

現在形、現在進行形、未来形 will で書かれています。英文は1～6語で書かれており、読みやすいです。すべてせりふの形で書かれています。

A Lesson for Martin Luther King Jr.
Ready-to-Read Level Two

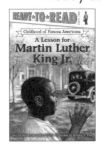

作者	Patrick, Denise Lewis
出版社	Simon Spotlight
出版年	2003
ページ	32
ISBN	978-0689853975
語数	486
対象	中2～中3
キーワード	boy, race

平易な英文で、King 牧師の幼少期にあったであろうエピソードが書かれています。学習テーマとして人種差別のことを扱う際に読むのもよいでしょう。

Suddenly!

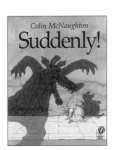

作者	McNaughton, Colin
出版社	HMH Books
出版年	1994
ページ	32
ISBN	978-0152016999
語数	164
対象	中3
キーワード	pig, wolf, surprise

ページをめくる前に Suddenly! と書いてあるので、生徒と一緒に Suddenly! と言いながら読み進めると楽しいです。いろいろなアクティビティーがインターネットでシェアされています。

If you give a mouse a cookie

作者	Joffe, Laura Numeroff
出版社	HarperCollins
出版年	1985
ページ	40
ISBN	978-0060245863
語数	291
対象	中2の3学期～中3
キーワード	mouse, cookie

条件 If、SVOO、When（とき）などの文法で書かれていますが、各ページ1～3文で、絵からも理解ができるので、楽しんで読めます。If you ～シリーズはほかにもあります。

Danny and the Dinosaur
I Can read! 1

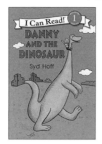

作者	Hoff, Syd
出版社	HarperCollins
出版年	1958
ページ	64
ISBN	978-0064440028
語数	836
対象	中2の2学期～中3の1学期
キーワード	boy, dinosaur, baseball

Danny and the Dinosaur シリーズ1冊目。現在完了形も使われていますが、その他の部分は平易な英文で書かれています。語彙もやさしく、読みやすいです。

When the TV Broke

作者	Ziefert, Harriet
出版社	Puffin Books
出版年	1989
ページ	32
ISBN	978-0833548719
語数	209
対象	中2の2学期～中3
キーワード	boy, TV

Ziefert の書いた本はどれも子どもの気持ちをよく表しています。平易な英語で楽しめます。Paper 版は絶版で、e-books での入手になります。

The Doorbell Rang

作者	Hutchins, Pat
出版社	Greenwillow Books
出版年	1986
ページ	24
ISBN	978-0688092344
語数	282
対象	中2の3学期～中3
キーワード	kids, cookies

中学2年で学ぶ文法で十分に読めます。語彙も難しいものは使っていません。同じ作者から同じような英文レベルで書かれたものがほかにも複数書かれています。

A Look at Teeth
Rookie-Read-About-Science

作者	Fowler, Allan
出版社	Children's Press
出版年	2000
ページ	32
ISBN	978-0516265674
語数	462
対象	中3～高1
キーワード	non fiction, teeth

各学年にひとり程度、このシリーズにはまる生徒がいます。動物や病気、祝日など、ちょっと珍しい観点から書かれた知識絵本として楽しめます。

Diary of a Worm

作者	Cronin, Doreen
出版社	HarperCollins
出版年	2003
ページ	40
ISBN	978-0007455904
語数	536
対象	中2の3学期～高1
キーワード	school, worm, comedy

読みやすい短い英文で書かれており、笑いながら読めます。一部難しい表現もありますが、絵からも理解できます。I Can Read にシリーズで数冊出ています。

98,99,100! Ready or Not, Here I Come!

作者	Slater, Teddy
出版社	Scholastic
出版年	1999
ページ	32
ISBN	978-0590120098
語数	432
対象	中2の3学期～中3
キーワード	hide and seek, girl, numbers

使われている文法はやさしいですが、give in, groan などの未知語も出てきます。しかし、ストーリーは単純で、絵から何が起きているのかわかります。

Corduroy Makes a Cake
Puffin Young Readers Level 2

作者	Inches, Alison
出版社	Penguin
出版年	2003
ページ	32
ISBN	978-1524788636
語数	652
対象	中2の3学期〜中3
キーワード	bear, toy, cake, girl, birthday

中学2年の教科書と同レベルの英文でストーリーが展開します。「くまのコールテンくん」のシリーズで、アニメにもなっています。作者没後もシリーズが書かれており、これはその1冊です。

The Bookstore Ghost

作者	Maitland, Barbara
出版社	Penguin
出版年	2001
ページ	32
ISBN	978-0141300849
語数	837
対象	中2の3学期〜中3
キーワード	ghost, bookstore

本屋さんに現れたゴーストの正体は……？謎解きのためにも、シリーズの順番どおりに読むことをお勧めします。

Young Cam Jansen and the Dinosaur Game
Puffin Easy-to-Read Level 2

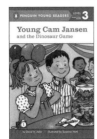

作者	Adler, David A.
出版社	Penguin
出版年	1996
ページ	32
ISBN	978-0140377798
語数	1,323
対象	中2の3学期〜中3
キーワード	girls, boys, birthday, mystery

シリーズの1冊目。受動態／現在完了形を含みます。4,000語以上ある難しいバージョンもあります。

Frog and Toad Are Friends
I Can Read Level 2

作者	Lobel, Arnold
出版社	HarperCollins
出版年	1970
ページ	64
ISBN	978-0064440202
語数	2275
対象	中3〜高1
キーワード	animal, friends

英文は過去形、不定詞や動名詞なども使われていますが、中学3年生でしたらすべての項目を勉強しているので、抵抗なく読めます。

Henry and Mudge the First Book
Henry and Mudge

作者	Rylant, Cynthia
出版社	Simon Spotlight
出版年	1987
ページ	40
ISBN	978-0812484311
語数	815
対象	中3〜高1
キーワード	boy, dog, friends

少年 Henry の友だちは、大きな犬の Mudge。いつも一緒の2人を描いたほのぼのした物語です。

Flying Home
Penguin Readers Starter

作者	Rabley, Stephen
出版社	Pearson Japan
出版年	1998
ページ	16
ISBN	978-0582402867
語数	974
対象	中2の3学期〜高1
キーワード	animal, journey

現在形で書かれています。不定詞も使いますが、動詞をたくさん知っていれば、文法は全く気になりません。平易な英文で書かれていますので、中学2年生で十分に楽しめます。

The Long Road
Penguin Readers Starter

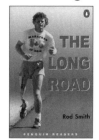

作者	Smith, Rod
出版社	Pearson Japan
出版年	2002
ページ	15
ISBN	978-0582504943
語数	1,123
対象	中2の3学期～高1
キーワード	non-fiction, sports

現在形で、すべて単文で書かれています。カナダの青年ががんになり、後世の研究のために資金を集めた実話です。英文を読むだけでなく、内容からも学ぶことができます。

Police TV
Oxford Bookworms Starter

作者	Vicary, Tim
出版社	Oxford University Press
出版年	2007
ページ	40
ISBN	978-0194234252
語数	1,500
対象	高1
キーワード	mystery, girl, police

動詞は現在形のみでストーリーが自然に展開する。英文も10語ほどの短い英文で書かれており、使用語彙も250 headwordsで書かれています。

The Fifteenth Character
Oxford Bookworms Starter

作者	Border, Rosemary
出版社	Oxford University Press
出版年	2000
ページ	40
ISBN	978-0194234214
語数	1,400
対象	高1
キーワード	mystery, girl

動詞は現在形のみで、1文が10語程度ですが、接続詞を使って長くなるものもあります。英文は平易なもので書かれていますから問題なく読めます。

The Gruffalo

作者	Donaldson, Julia
出版社	MacMillan
出版年	1999
ページ	26
ISBN	978-0333710937
語数	687
対象	中3～高1
キーワード	animal, fantasy

ネズミの話をよ～く聞くと、謎の恐ろしい生き物の説明があります。CDは2種類あります。BGMも入っていて、楽しく読めます。Gruffaloの本はほかにも2冊あります。

The Mount Rushmore Calamity
Flat Stanley's Worldwide Adventures 1

作者	Brown, Jeff
出版社	HarperCollins
出版年	2009
ページ	96
ISBN	978-0061429910
語数	4,826
対象	高1の3学期～高2
キーワード	fantasy, boy,

ペラペラに薄くなった体で冒険する少年の話です。シリーズになっています。LRのほかにペーパーバック版もあるので、段階を追って英語レベルを上げることができます。

A Dog Named SAM
Puffin Easy-to-Read Level 2

作者	Boland, Janice
出版社	Puffin Books
出版年	1996
ページ	40
ISBN	978-0140384383
語数	813
対象	中3～高1
キーワード	dog, mischief

中学2年までに学習する文法と平易な語彙で書かれています。3話にわかれているので、少しずつ読むこともできます。

Marcel and the Mona Lisa
Penguin Readers Starter

作者	Rabley, Stephens
出版社	Penguin
出版年	1991
ページ	16
ISBN	978-0582401730
語数	900
対象	高1
キーワード	detective, mystery, mouse, Mona Lisa

パリに住む探偵のネズミの話です。シリーズが数冊あります。GRなので、英文は平易で読みやすいです。

Harry the Dirty Dog

作者	Zion, Gene
出版社	HarperCollins
出版年	1956
ページ	15
ISBN	978-0064430098
語数	463
対象	高1
キーワード	dog, friends

どろんこハリーの話です。日本語でもおなじみの一冊。ほかにも2冊エピソードがあります。

A Fairy Ballet
Rainbow Magic

作者	Meadows, Daisy
出版社	Cartwheel Books
出版年	2011
ページ	32
ISBN	978-0545222945
語数	850
対象	中2の3学期～高校
キーワード	fantasy, girl, fairy

ほぼ現在形だけで書かれていますが、gaspsなど教科書では習わない語彙も使用されています。読み終えたらほかのRainbow Magicシリーズに移行できます。

Richard Scarry's Please and Thank You Book

作者	Scarry, Richard
出版社	Random House
出版年	1973
ページ	32
ISBN	978-0394826813
語数	1,730
対象	高1～高2
キーワード	animals, greetings, vocabulary

この作家の本は『Picture Dictionary』がロングセラーとして知られていますが、こちらはストーリー仕立てになっています。

Living in… Australia
Ready-to-Read Level One

作者	Perkins, Chloe
出版社	Simon Spotlight
出版年	2017
ページ	32
ISBN	978-1481480925
語数	1,215
対象	中3～高1
キーワード	non fiction, Australia

いろいろな国を紹介するシリーズになっています。主人公は女の子のときと男の子のときがあります。本はすべて同じ構成になっています。

The Paper Bag Princess

作者	Munsch, Robert
出版社	Annick Press
出版年	1980
ページ	28
ISBN	978-1554512119
語数	550
対象	高1
キーワード	girl, fantasy

ドラゴンにさらわれた王子様を救うために立ち上がったプリンセス！女の子が強くなったこの時代にぴったりな絵本です。最後のオチも効いています。

Amelia Bedelia
I Can Read level 2

作者	Parish, Peggy
出版社	Greenwillow Books
出版年	1963
ページ	63
ISBN	978-0064441551
語数	1,039
対象	高1
キーワード	girl, funny

中学2年までに学習する文法と平易な語彙で書かれています。言葉の持つ複数の意味を取り違えることで話がおもしろくなりますので、語彙力のある生徒のほうが楽しめます。

The Cave
Foundation Reading

作者	Waring, Rob
出版社	Heinle & Heinle Publishing
出版年	2006
ページ	16
ISBN	978-1413027808
語数	1,500
対象	中3～高1
キーワード	teenagers, adventure, friends

難しい語彙を含まずに、平易な英文で書かれています。高校生たちの話なので、中高生が楽しめます。シリーズはレベル1～7まであります。

Girl on a Motorcycle
Oxford Bookworms Starter

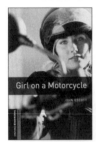

作者	Escott, John
出版社	Oxford University Press
出版年	2007
ページ	40
ISBN	978-0194234221
語数	1,500
対象	中2～高1
キーワード	mystery, girl

現在形、現在進行形で難しい単語や文法は一切使われていません。ストーリーはロサンゼルスで起こる事件の話です。

Darth Vader and Son

作者	Brown, Jeffrey
出版社	Chronicle Books
出版年	2012
ページ	64
ISBN	978-1452106557
語数	576
対象	中3～高2
キーワード	SF, movie, family, boy

シリーズ1冊目。一部受動態も含みますが、英文は平易で読みやすいです。スターウォーズファンの生徒には大人気のシリーズです。

Pour the Tea
Mr. Putter & Tabby

作者	Rylant, Cynthia
出版社	HMH Books
出版年	1994
ページ	44
ISBN	978-0152009014
語数	550
対象	高1～高2
キーワード	cat, friends, old man

シリーズ1冊目。一部受動態も含みますが、英文は平易で読みやすいです。おじいちゃんと猫、隣人のおばあちゃんとのやりとりがほのぼのしていて人気のシリーズです。

Green Eggs and Ham

作者	Dr. Seuss
出版社	HarperCollins
出版年	1960
ページ	64
ISBN	978-0007158461
語数	769
対象	中3～高2
キーワード	non sense, rhymes

I am Sam. Sam I am. などとリズムで楽しむ一冊です。ストーリーはナンセンスですが、繰り返す表現も多く日本語にはない音を楽しめます。

What Mona Wants, Mona Gets
Walker Stories

作者	Sheldon, Dyan
出版社	Walker Books
出版年	2005
ページ	64
ISBN	978-1844281237
語数	2,000
対象	高1～高2
キーワード	girl, magic

魔法のネックレスを手に入れたMonaは、かえって困ってしまうことに。皮肉も効いていて、高校生が楽しめる話です。

Inside a Hurricane
The Magic School Bus

作者	Cole, Joanna
出版社	Scholastic
出版年	1996
ページ	48
ISBN	978-0590446877
語数	2,684
対象	高1～高3
キーワード	non fiction, weather, facts, school

バスに乗ってクラスみんなで不思議な冒険に出かけます。出かける先は台風の中や人体の中。ストーリーのほかに挿絵にノートがつけられています。

The Missing Piece

作者	Silverstein, Shel
出版社	HarperCollins
出版年	2006
ページ	112
ISBN	978-0060256715
語数	563
対象	高2
キーワード	picture book

1ページごとの英文は多くはありませんが、中学で学ぶ文法項目をたくさん含みます。語彙はそれほど難しくはありませんので、絵を見ながら読み進められます。

Daniel Radcliffe
Penguin Readers Starter

作者	Shipton, Vicky
出版社	Pearson Japan
出版年	2009
ページ	16
ISBN	978-1405867658
語数	2,028
対象	高1～高2
キーワード	biography, boy, actor

ハリー・ポッターを読んだ、あるいは映画で見たという生徒であれば、興味を持って読むことができます。Penguin Starterは、全英文が現在形で書かれています。また構成も平易で、読みやすいです。

Picture Dictionary of Ancient Egypt
Oxford tree tops

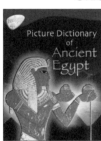

作者	MacDonald, Fiona
出版社	Oxford University Press
出版年	2005
ページ	24
ISBN	978-0199198580
語数	3,240
対象	高1～高2
キーワード	non fiction, ancient Egypt, history

古代エジプト文明は英語圏の子どもたちに人気があり、たくさんの出版社から出ています。Oxfordから出ているこの本は内容や資料も丁寧でお勧めです。

Arthur's Birthday
Arthur Adventures

作者	Brown, Marc
出版社	Little, Brown Books
出版年	1991
ページ	32
ISBN	978-0316110747
語数	742
対象	高1～高2
キーワード	mouse, birthday

ねずみのArthurシリーズになっています。アニメにもなっているので、動画を見てから楽しむこともできます。

Nate the Great

作者	Sharmat, Majorie Weinman
出版社	Yearling
出版年	1977
ページ	48
ISBN	978-0440461265
語数	1,594
対象	高1〜高2
キーワード	boy, mystery

自然な英文で書かれていますが、英文は平易で中学生でも楽しむことができます。内容は少年ネートが解く日常のミステリーです。

Princess Ellie to the Rescue
The Pony Mad Princess

作者	Kimpton, Diana
出版社	Usborne Publishing Ltd
出版年	2014
ページ	112
ISBN	978-1409565963
語数	8,000
対象	高1〜高3
キーワード	girl, fanasy, friends

シリーズになっています。馬が大好きなプリンセスは使用人の子どもと一緒に遊んだり、けんかしたり、ちょっとした事件に巻き込まれたり……。

Swimmy

作者	Lionni, Leo
出版社	Dragonfly Books
出版年	1973
ページ	32
ISBN	978-0399555503
語数	298
対象	高1〜高2
キーワード	fish, friends

比較級で英文が始まります。小学校の国語の教科書で読んでいる生徒も多いので、ストーリーは知っていると思います。繰り返し読みたい一冊です。

Harold and the Purple Crayon
Harold

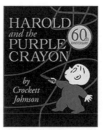

作者	Johnson, Crockett
出版社	HarperCollins
出版年	1995
ページ	34
ISBN	978-0064430227
語数	657
対象	中3〜高2
キーワード	fantasy, baby, boy

各ページ2〜3文で、絵を見れば、わからない語彙であっても内容は理解できます。英文はそれほど平易ではありません。シリーズになっています。

The Class Trip from the Black Lagoon
Black Lagoon

作者	Thaler, Mike
出版社	Scholastic
出版年	2002
ページ	64
ISBN	978-0439429276
語数	1,938
対象	高1〜高3
キーワード	school, boy

イラストがユニークで、吹き出しに書かれているせりふにくすっと笑わされたりも。やんちゃな子どもたちとモンスターの学校生活。なんとも奇妙で魅力的なお話です。

Zippers Have Teeth
I Wonder Why

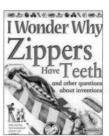

作者	Taylor, Barbara
出版社	Kingfisher
出版年	2012
ページ	32
ISBN	978-0753456651
語数	3,255
対象	高1〜高3
キーワード	non-fiction, zipper

英語圏の小学生向けのノンフィクションシリーズになっています。絵本のようなレイアウトなので、読みやすくなっています。

The Giving Tree

作者	Silverstein, Shel
出版社	HarperCollins
出版年	1964
ページ	64
ISBN	978-0060256654
語数	621
対象	中3〜高2
キーワード	boy, friends

自然な英文で書かれているので、play king of the forest のような表現も含みます。各ページ1〜2文で絵と文が一体化しているため、読みやすい一冊です。

A Death in Oxford
Cambridge English Readers Level 1

作者	MacAndrew, Richard
出版社	Cambridge University Press
出版年	2007
ページ	32
ISBN	978-0521704649
語数	2,700
対象	高1〜高3
キーワード	murder mystery, police

Cambridge starter レベルの一冊。わかりやすい語彙と文法で、しっかりとした刑事ものになっています。

The Case of Hermie the Missing Hamster
Jigsaw Jones Mystery

作者	Preller, James
出版社	Scholastic
出版年	1998
ページ	76
ISBN	978-0590691253
語数	6,397
対象	高1〜高2
キーワード	boy, girl, mystery, detective

少年探偵が近所で起こる事件解決をするシリーズになっています。英文は平易なのですが、語数が多めなので、reading stamina をつけるのに、お勧めです。

The Magic Finger

作者	Dahl, Roald
出版社	Puffin Books
出版年	1966
ページ	80
ISBN	978-0141365404
語数	3,724
対象	高1〜高2
キーワード	magic, hunting, girl

ダールの作品は少し古めなイギリス英語ですが、その内容のおもしろさからいつの時代も愛されています。これはダール作品の中ではやや短めな一冊です。

The New Friend
Hey Jack!

作者	Rippin, Sally
出版社	Kane/Miller Book Publishers
出版年	2012
ページ	42
ISBN	978-1610671255
語数	1,110
対象	中3〜高2
キーワード	boy, girl

動詞はすべて現在形です。シリーズは現在15冊あり、Billie B. Brown との姉妹シリーズです。男子が主人公の本は意外に少ないので、中学生男子にお勧めの一冊です。

Angelina Ballerina
Angelina Ballerina

作者	Holabird, Katharine
出版社	Puffin Books
出版年	1983
ページ	32
ISBN	978-0723271666
語数	609
対象	中3〜高2
キーワード	animal, girl, ballet

ネズミの女の子がバレリーナとしてがんばっているお話です。シリーズになっており、動画もあります。絵本なのですが、各ページの英文は多めです。

Bad Love
Cambridge English Readers Level1

作者	Leather, Sue
出版社	Cambridge University Press
出版年	2003
ページ	32
ISBN	978-0521536530
語数	3,700
対象	高1〜高3
キーワード	murder mystery, doctor

登場人物やその関係も複雑すぎないミステリーで、読みやすく書かれています。

Doctor De Soto

作者	Steig, William
出版社	Puffin Books
出版年	1982
ページ	32
ISBN	978-0141374697
語数	1,114
対象	高1〜高2
キーワード	animal, funny

ネズミの歯医者さんのお話。自分を食べてしまうかもしれない大きな患者相手に工夫をこらします。英文は少々難しく、文字も多くあります。

Little Miss Bossy
Little Miss / Mr Men

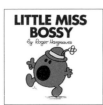

作者	Hargreaves, Roger
出版社	Egmont Books
出版年	1981
ページ	32
ISBN	978-1405274425
語数	1,143
対象	高1〜高2
キーワード	character, girl

Mr. Men & Little Miss のシリーズは、その独特のイラストが気に入れば、たくさん読めます。性格を取り上げ、その特徴をうまく生かしたストーリーになっています。

Elmer and the Dragon

作者	Gannett, Ruth Stiles
出版社	Yearling
出版年	1950
ページ	96
ISBN	978-0440421368
語数	7,019
対象	高1〜高3
キーワード	adventure, dragon, boy

小学生のころに多くの生徒が日本語で読んだ一冊だと思います。英文は子ども向けに書かれているので難しくはありませんが、語数も多いので reading stamina が必要です。

the Losers Were Killed in Mayan Football?!
Would You Believe…

作者	Platt, Richard
出版社	Oxford University Press
出版年	2008
ページ	48
ISBN	978-0199115013
語数	6,500
対象	高2〜高3
キーワード	non fiction, records, almanac

Would You Believe シリーズは、世界のびっくりするようなエピソードを集めてあります。お祭りやギネス記録など、幅広いジャンルを取り上げます。

Tooth Trouble
Ready Freddy!

作者	Klein, Abby
出版社	Blue Sky Pr
出版年	2004
ページ	95
ISBN	978-0439555968
語数	6,158
対象	高2〜高3
キーワード	boy, funny

少年 Freddy の日々をつづったシリーズ。長年教師をしていた作者が書く子どもたちは、どこにでもいるやんちゃで可愛い姿を見せてくれます。

The Piano
Oxford Bookworms Level 2

作者	Bassett, Jennifer
出版社	Oxford University Press
出版年	2000
ページ	56
ISBN	978-0194790680
語数	6,070
対象	中3〜高1
キーワード	fiction, boy, pianist, farmer

農家の少年がピアニストに成長するまでを描いた物語。CEFR A2/B1なので、中学3年生の2〜3学期に読むとちょうどよいレベルです。

Vincent Van Gogh
Getting to Know the World's Greatest Artists

作者	Venezia, Mike
出版社	Childrens Press
出版年	2015
ページ	32
ISBN	978-0531225394
語数	1,761
対象	高2〜高3
キーワード	non fiction, artists, Gogh

画家シリーズと音楽家シリーズがあります。本文のほかにイラストについている説明の全部を読むと、かなりの語数になります。

Titanic
Factfiles Level 1

作者	Vicary, Tim
出版社	Oxford University Press
出版年	2000
ページ	22
ISBN	978-0194232005
語数	3,200
対象	高2〜3
キーワード	non-fiction, ship, tragic

タイタニック号の悲劇について取り上げる本は多数出版されており、英語圏の子どもに大人気のテーマのひとつです。Factfilesはどれも読みやすい英文で書かれています。

The Canterville Ghost
Oxford Bookworms Level 2

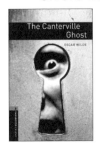

作者	Wilde, Oscar
出版社	Oxford University Press
出版年	2007
ページ	56
ISBN	978-0194790536
語数	6,100
対象	中3〜高2
キーワード	ghost, classic, Americans, British

中学3年生で楽しめる一冊です。アメリカ人とイギリス人の考え方の違いを知ることができます。古典は避けたくなるかもしれませんが、コメディーになっていますから楽しめます。

The Sinking of the Titanic, 1912
I Survived

作者	Tarshis, Lauren
出版社	Scholastic
出版年	2010
ページ	96
ISBN	978-0545206945
語数	10,437
対象	高2〜高3
キーワード	non-fiction, ship, tragic

タイタニック号について書かれている本です。Factfileと違い、語り部が話すような形で事実が説明されています。

Kidnapped at Birth?
Marvin Redpost 1

作者	Sachar, Louis
出版社	Random House
出版年	1992
ページ	80
ISBN	978-0679819462
語数	5,423
対象	高1〜高2
キーワード	boy

英文も語彙も平易なものばかりですので、中学3年生や高校1年生にお勧めの一冊です。シリーズになっています。

Fantastic Mr. Fox

作者	Dahl, Roald
出版社	Puffin Books
出版年	1970
ページ	112
ISBN	978-0142410349
語数	9,387
対象	高1〜高3
キーワード	adventure, fox

112ページありますので、reading stamina が必要になってきますが、挿絵も豊富なので、楽しみながら読み進められます。映画化されたので、読み終えた後に見るのもいいですね。

The Mystery of the Stolen Diamonds
Cam Jensen

作者	Adler, David A.
出版社	Puffin Books
出版年	2004
ページ	64
ISBN	978-0142400104
語数	4,619
対象	高1〜高2
キーワード	girl, boy, mystery

I Can Read の Young Cam Jensen と同じシリーズです。語数が増える分、ストーリーの内容も充実します。

Lawn Boy

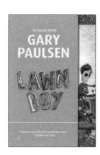

作者	Paulsen, Gary
出版社	Yearling
出版年	2007
ページ	96
ISBN	978-0553494655
語数	14,323
対象	高2〜高3
キーワード	boy, summer, economics

経済学を芝刈りのアルバイトを通じて学ぶ本ですが、ストーリーの中で説明するので、楽しみながら学べます。

The Absent Author
A to Z Mysteries

作者	Roy, Ron
出版社	Random House
出版年	1997
ページ	86
ISBN	978-0679881681
語数	8,535
対象	高1〜高2
キーワード	mystery, detective

少年探偵シリーズ。読みやすく、ストーリーにもひねりがあり、楽しめます。

Three Short Stories of Sherlock Holmes
Penguin Readers Level 1

作者	Doyle, Arthur Conan
出版社	Pearson Japan
出版年	2008
ページ	56
ISBN	978-1408277980
語数	9,179
対象	高1〜高3
キーワード	mystery, detective

シャーロック・ホームズはいつの時代も人気です。この本は3話入っているので、3,000語ずつ読み進めることができます。

Be Careful What You Sniff for
Magic Bone 1

作者	Krulik, Nancy
出版社	Grosset & Dunlap
出版年	2013
ページ	128
ISBN	978-0448463995
語数	7,493
対象	高1〜高2
キーワード	dog, fantasy

記念すべき100冊目は楽しいストーリーを選びました。魔法のホネをくわえた子犬のSparky が、1冊ごとにいろいろな国に出かけます。巻末には観光地紹介などもあります。

おわりに

　英語多読に取り組んでいる学校、英語多読本を所蔵している学校図書館も増えています。けれど、本校図書館の見学にいらした英語科教諭や学校図書館員は口々に、「これまで見てきた英語多読の取り組みとはぜんぜん違う」とおっしゃってくださいます。

　複本はほとんど入れず、違うタイトルの本を多くそろえていること。GRやLRだけでなく、簡単な英語で書かれた洋書を英語多読本として排架していること。そして何より、英語科教諭と司書教諭が協力して、学校全体で取り組んでいること。

　私学だから？ 専任司書教諭がいるから？ たしかに、学校によって状況は異なります。仲間が見つかる、見つからないという最初の一歩でくじけてしまいそうになるかもしれません。予算をはじめ、さまざまな点で、うまくいかないこともあるでしょう。それでも、英語多読を導入したい！ という気持ちを持ったら、行動に移すことが大切です。そして、一歩踏み出したら、簡単にあきらめないことです。どちらかに責任や業務を押つけてしまったらそこで終わりです。英語多読は何よりも生徒のためになることなのだと信じて、踏ん張りましょう。続けていくうちに、その様子を見ていたほかの教職員が仲間になってくれるかもしれません。一歩一歩少しずつという気持ちで実践してください。

　公立校に勤めている教諭や学校図書館員は、せっかく立ち上げても異動があるので、数年後にはまた一からやり直しになると思ってしまい、なかなか実行に移す気持ちになれないかもしれません。しかし、1校だけではなく、複数校に広められるというメリットがあります。ひとりでも多くの仲間を見つけてください。異動後に英語多読が衰退しないように、同僚や後輩の育成にも力を注ぎましょう。

　この本の中には、どんな学校でもやっていけるだけの秘訣をできるだけ詰め込んだつもりです。それでももっと情報が必要、仲間がほしい！ という方は、ぜひ遠慮なく、わたしたち2人までご連絡ください。本校図書館では、定期的に英語多読見学会＆情報交換会を実施する予定です。みんなで力を合わせて、子どもたちの学びを支えていきましょう！

　最後に、学校図書館での英語多読の取り組みをあたたかく受け入れてくださった本校の先生方、楽しんで英語多読をしている生徒たち、イラストを描いてくれた卒業生の三浦直人さんに心より感謝申し上げます。また、このような企画を受け入れてくださり、迷走するわたしたちを支えてくださった少年写真新聞社の藤田さんにも、心より御礼申し上げます。

（江竜珠緒／村松教子）

選書に活用できるサイト一覧

Kids Books Series

https://www.kidsbookseries.com/

　子どもの本を選ぶ保護者、教師、図書館員のために作成されたサイト。年齢や学年を入力すると、その年齢にふさわしいシリーズを探すことができます。年齢に幅があるので、3、4歳くらいを入れるとちょうどいい英語多読本が出てくると思います。

Reading Rockets

http://www.readingrockets.org/

　子どもの学びや読書をサポートするサイト。保護者や教諭、図書館員向けに作成されています。Book　Finder のページでは、年齢やジャンルを入れて本を検索できるのが便利です。

Perma-Bound

https://www.perma-bound.com/

　選書に利用できるだけでなく、書誌データがかなり詳細に出てくるため、データ入力の際、大きな補助になるサイト。ニューベリー賞など、児童書の賞を受賞した作品のリストもあります。

Young Adult Library Services Association（YALSA）

http://www.ala.org/yalsa/

　アメリカ図書館協会（ALA の一部門）。10代向けサービスの研究、資料を提供しています。児童書、YA 本関係の賞を受賞した作品が一度にチェックできるのが便利です。ただし、このサイトはかなり英語多読を進めてから利用するとよいでしょう。日本の中高生には、やや難しい本が多いと思います。

※35ページ掲載のサイトも参考にしてください。

補足

ここでは用語解説のほか、いくつか補足の説明をします。

英語多読

「多読」という言葉でよく知られる英語多読ですが、「多読」では母国語（日本語）で本をたくさん読むことも含まれてしまいます。本書では、英語で本を多く読む試みであることを明らかにするため、「英語多読」の語を用いました。

英語多読本

英語多読に用いられる洋書は、一般的な「洋書」とは別のものです。そこで、わたしたちはあえて「英語多読本」という言葉を用いました。なお、この「英語多読本」には、学習者向けに編集されたものと、非常にやさしい原書で、現在日本の学校や公共図書館で英語多読に用いられている本を含みます。

学校図書館員

本校図書館では、専任司書教諭1名、非正規の学校図書館職員2名が働いています。そのため、本校の事例を述べるときには「司書教諭」という言葉を用いました。しかし、他校ではさまざまな状況があることを踏まえ、一般的な事例を述べるときには「学校図書館員」という用語で統一しました。

代表的な Graded Readers
Oxford Bookworms

黒い表紙が特徴です。非常に薄くて平易な英文のものから、ある程度の厚みがあるものまで、全部で6レベルあります。すぐれた文学作品のリライト版やオリジナルがあり、授業でも活用しやすいシリーズです。

Penguin Readers

オレンジ色の表紙が特徴です。Penguin シリーズは、裏表紙に headwords（見出し語）数や総語数のほかに American English ／ British English ／ Contemporary ／ Classics ／ Original という区別も記されており、生徒が本を選ぶときの参考にもできます。伝記や映画ノベライズなどが好んで読まれます。

Cambridge English Readers

薄青の表紙が特徴です。Cambridge シリーズは、サスペンスなど、ドキドキハラハラのミステリーが多く、高校生や大人が読むのに適しています。

Macmillan Readers

赤い表紙が特徴です。Macmillan シリーズは語数の多い本が多いため、上手に勧めないと生徒はなかなか手にしません。しかし、実際に読んでみると、それほど難しくなく達成感が味わえるため、reading stamina のある生徒は好んで手にします。

Scholastic

薄青の表紙が特徴です。映画やドラマのノベライズが多く、映画そのままの写真が使用されているため、高校生に人気です。

Foundations Reading Library

ORT と似たような薄さが特徴です。headwords が 75 ～ 350 語の 7 レベルあります。登場人物が等身大の若者であることも、人気の理由のひとつです。

Footprint Reading Library

綺麗な写真の表紙が特徴の薄い本です。ナショナル ジオグラフィック社のビデオ教材とともに学習することもできます。物語教材よりもノンフィクションのほうが読みたいという生徒は一定数いますので、ぜひそろえてほしいシリーズです。本校では特に高校生男子に人気の本です。

なお、物語以外が好きな生徒には、Who was……？（67 ページ参照） I wonder why（116 ページ参照） Rookie……（110 ページ参照）などのシリーズもお勧めです。

代表的な Leveled Readers
Oxford Reading Tree（ORT）

日本の英語多読において、これを知らない人がいないほどに有名なシリーズ。文字のないレベルから同じ登場人物たちが活躍し、徐々に語彙、文法レベルが上がっていきます。ただし、中学 1 年生から読み始めると途中で読めないレベルもあり、高校生で始めると最初はつまらなく感じてしまうということもあるようです。教諭がうまく誘導してあげるとよいでしょう。

Puffin Easy –To– Read

英語圏の子どもたちが自分で本を読み始めたときに手にするシリーズです。3レベルあり、まんべんなくすぐれた作品が多くあります。犬の Tiny シリーズ、Young Cam Jansen シリーズ（111 ページ参照）や Corduroy シリーズ（111 ページ参照）など子どもたちに人気のシリーズが多数あります。

Ready –To– Read

5レベルに分かれており、シリーズもたくさんあります。好きなシリーズに出合えれば、英語多読も楽しくなります。本校での一番人気は Henry and Mudge シリーズ（111 ページ参照）です。Henry 少年と愛犬 Mudge の日常には、生徒たちの心の琴線にふれる要素がたくさんあります。中学生にも高校生にも人気です。

I Can Read Books

4レベルに分かれており、シリーズもたくさんあります。書店では CD とセットになったものが売られています。可愛い子犬 Biscuit シリーズや（106 ページ参照）、Frog and Toad シリーズ(111 ページ参照)などがあります。2017 年に 60 周年を迎え、記念として新しい表紙で多数出版されました。

本書でそれほど触れなかったもの

Magic Tree House（Mary Pope Osborne ／ Random House Books for Young Readers）

Rainbow Magic（Daisy Meadows ／ Scholastic Paperbacks）

英語多読実践校の先生方の中には、本書内の推薦図書リストに上記の2シリーズが登場しないことに疑問を抱かれている方もいらっしゃるかもしれません。『マジック・ツリーハウス』、『レインボーマジック』は、多くの生徒が小学校のときに読んでいる人気シリーズです。ただし、ある程度順番どおりに読まなければ、「ただ英語を読んでいるだけ」で、「物語を楽しむ」ことにはならない作品でもあります。そこで本書では、シリーズであっても一冊読み切りのものを中心に紹介したため、これらのシリーズは外しました。きちんとした指導の下で読むのであれば、すぐれた作品です。

参考文献

・酒井邦秀（2002）『快読 100 万語！　ペーパーバックへの道：辞書なし、とばし読み英語講座』筑摩書房

・酒井邦秀監修、古川昭夫、河手真理子（2003）『今日から読みます英語 100 万語！：いっぱい読めばしっかり身につく』日本実業出版社

・酒井邦秀、西澤一編著（2014）『図書館多読への招待』日本図書館協会

・古川昭夫、神田みなみ、小松和恵、畑中貴美、西澤一（2005）『英語多読完全ブックガイド：めざせ 1000 万語！』コスモピア

・古川昭夫（2010）『英語多読法：やさしい本で始めれば使える英語は必ず身につく』小学館

・「多読」で深める英語授業の実践 1（ジャパンライム）DVD

・Bamford, J（1984）"Extensive reading by means of graded readers" Reading in a Foreign Language. 2 (2)

・Day，Richard R. & Bamford, Julian（2002）"Top ten principles for teaching extensive reading" Reading in a Foreign Language. 14 (2)

・Day, Richard (1993) "New Ways in Teaching Reading" TESOL

・Day, Richard R. & Yamanaka, Junko (2007) "Cover to Cover: Reading Comprehension and Fluency" Level 1-3 Oxford University Press

・Fujita, Ken & Noro, Tadashi (2009) "The effects of 10-minute extensive reading on the reading speed, comprehension and motivation of Japanese high school EFL learners" Annual Review of English Language Education in Japan. 20,

・Jacobs, George & Farrell, Thomas S.C. (2012) "Teachers Sourcebook for Extensive Reading" Information Age Publishing

・Krashen, Stephen（1993）"The Power of Reading: Insights from the Research"　Libraries Unlimited

・Nation, Paul and Waring, Rob（2013）"Extensive Reading and Graded Readers"　Reading Oceans（web）

・Nation, Paul（2014）"How much input do you need to learn the most frequent 9,000 words?" Reading in a Foreign Language. 26(2)

・Nuttall, Christine（1982）"Teaching Reading Skills In a Foreign Language" Heinemann Education Books

・Prowse, Philip (2002)　"Top ten principles for teaching extensive reading: A response"　Reading in a Foreign Language 14(2)

・Williams, Ray（1986）"Top ten' principles for teaching reading"　ELT Journal.40(1)

＊指導法、実践については、それぞれ47ページ、71ページ掲載の書籍も参考にしてください。

著者紹介

江竜 珠緒 （えりゅうたまお）

明治大学付属明治高等学校明治中学校司書教諭。筑波大学大学院図書館情報メディア研究科博士後期課程在学中。日本図書館情報学会、学校図書館学会、生涯教育学会、明治大学図書館情報学会など会員。

学校図書館司書教諭講習「学習指導と学校図書館」（筑波大学）や、図書館司書講習「学校図書館論」（明治大学）の講師を担当。桑田てるみ監修・「読むチカラ」プロジェクト編著『鍛えよう！読むチカラ：学校図書館で育てる25の方法』（明治書院、2012）、桑田てるみ編『学生のレポート・論文作成トレーニング：スキルを学ぶ21のワーク』改訂版（実教出版、2015）、齋藤泰則編集『学習指導と学校図書館（司書教諭テキストシリーズ）』（樹村房、2016）などに執筆。

SF小説を原書で読みたいという動機から英語の本に手を伸ばした過去を持つ。そのせいか、どちらかといえば男子が好む本に詳しい。

村松 教子 （むらまつのりこ）

明治大学付属明治高等学校明治中学校英語科教諭。テンプル大学大学院修士課程（M.S.Ed. in TESOL）在学中。日本多読学会、全国語学教育学会（JALT）、TESOL、グローバル人材育成教育学会など会員。

小学校時代はカナダの現地校で過ごし、児童書は和書より洋書に慣れ親しんだ。教壇に立った当初から授業に英語多読を取り入れている。

英語多読以外にもスピーチ、プレゼンテーション、スピーキングの指導も積極的に行っている。英語を通じてひとりひとりの世界を広げていくきっかけをつくりたいという願いを込めて教壇に立っている。

三浦 直人 （みうらなおと）カバー・本文イラスト

明治大学付属明治中学校、同高等学校、明治大学文学部を経て、現在、明治大学大学院文学研究科（博士後期課程）。専門は日本近代史、日本語学。研究活動の傍ら、「三浦イラスト工房」として、母校をはじめとする各方面に、イラストを提供している。中学時代から今日に至るまで、主な生息地は学校図書館。

学校図書館員と英語科教諭のための

英語多読実践ガイド 導入のためのブックガイド付

2018年9月28日	初版第1刷発行

著　　者	江竜珠緒・村松教子
発 行 人	松本恒
発 行 所	株式会社　少年写真新聞社
	〒102-8232　　東京都千代田区九段南4-7-16
	市ヶ谷KTビルⅠ
	TEL　03-3264-2624　FAX　03-5276-7785
	URL　http://www.schoolpress.co.jp/
組版・ページデザイン	欧文印刷株式会社
イラスト	三浦直人
印 刷 所	図書印刷株式会社

Ⓒ Tamao Eryu, Noriko Muramatsu 2018 Printed in Japan
ISBN978-4-87981-646-7　C3082　NDC375

編集：藤田千聡　英文校正：欧文印刷株式会社　和文校正：石井理抄子　編集長：河野英人

本書を無断で複写、複製、転載、デジタルデータ化することを禁じます。乱丁・落丁本はお取り替えいたします。
定価はカバーに表示してあります。